出版人の生き方70講

愚直に志高き職業人であれ

田口信義 著
㈱民事法研究会 代表取締役

発行 ㈸ 民事法研究会

●民事法研究会●

社是

●良書の出版を通して社会に貢献する
●謙虚な心と感謝の気持が信用を築く
●出版人としての誇りと生きがいを持つ
●法令・マナーを守り社会人として範たれ
●社会の変化を分析・予測する能力を培う
●日々、構想力・企画力・交渉力を磨く
●気配りと行動の迅速は編集者の必須要件
●編集者は現場主義に徹した職人であれ
●編集者の力量は人脈と情報収集で決する
●感性を磨けば企画の素材はどこにもある
●過去の成功体験にとらわれてはならない
●日々の研鑽と継続こそ成長・発展の礎

はしがき

　この小冊子は、毎週一回開催される社内ミーティングの際に、私が社員に向けて平成二〇年一月から平成二一年七月までの約一年半にわたり、「編集長卓話」と称して話をしてきた内容をまとめたものです。若き編集者の執筆力・文章力向上を目的に、卓話を要領よくまとめる訓練を続けてきた結果、切りのよい七〇話になったことから、このような小冊子に結実したわけです。

　振り返ってみますと、社会へ出てから四一年余、出版人・編集者としてどうあるべきか、どう生きるべきか、どう行動をしていくべきかなど、日々悩み試行錯誤してきた歳月だったように思います。

　卓話では、その時々の社会・経済・政治の動向を視野に入れながら、社会人として、また出版人としてあるべき姿勢、求めるべき資質・能力などについて、私の四一年余にわたる出版人・編集者としての経験や法曹関係者等の諸先輩とのご交宜を通して学んだこと、感じてきたことなどを踏まえて、縦横無尽に話をしてまいりました。人格的にも知識・教養の面からも他人に誇れるものなどない私が、人を教育・指導することなど不遜とは感じつつも、これから出版人として長い人生を送らなければならない後輩に対して、いささかでもお役に立てる経験・技能を提供できれば、との強い思いから卓話を続けてまいりました。

一方で、卓話を続けることは、私の編集者としての感性を維持・向上するとともに、忘れてはならない出版人としての高い志と矜持を常に心の片隅に置いておきたいとの強い気持ちもあったからです。ある面では、卓話を通して自らを鼓舞して出版人としての士気・情熱をこれからも高め持続していきたいとの狙いがあったことも間違いありません。

そのようなわけで、卓話の内容については、浅学菲才である私の理解力や知識・教養の足りなさから、考え違いや誤った点なども多々あるかもしれませんが、意図することをお汲み取りいただき、ご海容いただければ幸いです。

最後に、これからわが社を支えていく者達が、厳しい経済状況の中にあっても、人間的な成長を図りつつ、志高く心豊かな出版人としての人生を送っていただくことを願いつつ、卓話を文章にまとめていただいた若き編集者、菅野健太・山田政弘両君に対し感謝を申し上げる次第です。そして、これから社会人となる若い人が、編集者という職業が、生涯を託すのに悔いのない仕事であることを、本書を読んで知っていただくことができれば、望外の幸せです。

平成二一年七月吉日

株式会社　民事法研究会

代表取締役　田　口　信　義

出版人の生き方70講　目次

目　次

第一章

出版人たる前に一人の社会人たれ！

Ⅰ　人間力を磨く

❶ 何事も基本が大切

●しっかりと基本を身に付けることから成長・発展が始まる

公式戦一一九連勝を誇っていたレスリングの吉田沙保里選手が、格下のバンデュセン選手（アメリカ）に敗北しました（平成二〇年一月のワールドカップ）。なぜ吉田選手は格下のその選手に負けたのでしょうか。

確かに彼女が世界中の選手に研究されて特徴をつかまれたことはあるでしょうが、それよりも、自分自身が得意としていたタックルを過信していたことが敗因の一つにあったそうです。つまり、タックルを過信していたことが原因となって、基本が疎かになっていたのです。得意技を封じられたとしても、基本ができていればなんとか反撃を食い止めることができたのかもしれません。しかし、基本を疎かにしていたことで、タックルを封じられてしまったことから、反撃をすることもできずに負けてしまったのです。吉田選手は、今回の負けた経験から初心を取り戻し基本の大切さを痛感することができたそうです。

物事に慣れてくるととかく基本を疎かにしがちです。基本を守り、基本に忠実でなくてはなりません。

今大きな社会問題となっている食品偽装の問題も、現場や経営者が食の安全という基本を疎かにして起きたといえます。基本を守ること、それが自らも会社も成長・発展する礎となるのです。スポーツだけでなく、会社経営やあらゆる仕事においても共通することですが、基本を忘れたときに大きな過ちにつながるように思えてなりません。

（平成二〇年二月一二日）

❷ 会話力、コミュニケーション力を高める

●人間関係でも仕事でもコミュニケーション力は重要な要素である

近年、若者のコミュニケーション力が低下してきているそうです。お互いが面と向かって真剣に会話をしたり、議論をし合うなど、本音で言い合うことができなくなっているのです。いま「準ひきこもり」といって、ひきこもりのような症状まではないが、人とのコミュニケーションを図ることが苦手で、人との会話をできるだけ避け、友人や恋人をつくらずにできれば自分一人の世界の中にいようとする若者が増加しており、大学や企業の中で様々な問題が生じています。その原因の一つには、インターネットや携帯電話のメールなどを使った一方通行の会話が多くなってきたことにあるといわれています。

また、両親・家族との会話が少なくなったことも大きな原因といえます。夕食な

どを通じて家族で話す機会が少なくなってしまったのです。今日では両親とも仕事で帰宅が遅くなる家庭が多くなり、子ども達と会話をする機会も減ってしまっているのです。会話力、コミュニケーション力は小さい時からの積み重ねでもあるのです。

会社では会話力が求められます。仕事をスムーズに行っていくためには、会話力が大切となります。社内、社外ともに会話力がなければ仕事もうまく成立しません。会話力を上げようとするなら、自分から上げるように努力していかねばなりません。また、会話力を上げるためには豊富な知識も必要です。そのためにも本を読むようにし、人との会話がスムーズに成立できるような知識力を高めることです。国語力、読解力はあらゆる学問の基礎であると同時に、他者との意思伝達（コミュニケーション）を行うための人間としての根幹をなす能力であることを肝に銘じていただきたいと思います。

（平成二〇年二月一八日）

❸ 良いことを「癖付け」する

●はじめは小さなことでも継続すれば次へのステップ台となりうる

自己研鑽を積むにあたって、習慣というものは大切です。癖付けを行わないとスムーズにものごとが進みません。良い癖付けを行えば、仕事も効率的に進むようになります。

帰宅後、就寝前に、本を一日一〇頁読む、あるいは、一カ月で二～三冊読破するというような良い癖付けを行えば、来週は何を読むのか楽しみになります。さらには、本を読まないことが不安になる、という気分にもなっていきます。

われわれの編集の仕事は、知識・教養・情報力を幅広く身に付ける必要があります。読書を通して、他人の考えを知り、世の中の動きを知り、ボキャブラリーを豊かにすることで、偏った考えから脱却し、何にでも対応できる柔軟な構想力・企画力が養成されます。

一日一〇頁程度の読書でも、癖が付けば年間一五〜一六冊は、必然的に読むことになります。自ら不足している知識を修得するためにも、目標を設定し、「良い癖付け」を行うよう心がけることが肝要です。

私の経験からいえば、一度しっかりと癖付けしたものは、その後頓挫《とんざ》することなくいつまでも継続することができるようになります。出版人として最も大切な多様な書物を読むことの癖付けも、一年間、一日五分、一〇分でも良いから実行することによっていつしか習慣化することができるのです。

（平成二〇年三月三日）

❹ 奉仕の心をもつ

●人のために何か役に立ちたいと思う気持があれば人にやさしくなれる

「情けは人のためならず」という言葉があります。私の若い頃は、人に情けをかけることはよくないことだと誤解していました。しかし、あるときに、この言葉の真の意味を知りました。この言葉は仏教の教えの中の一つで、人に施すことは、結果的にはめぐりめぐって自分のためになるという意味なのです。

人は奉仕の心をもたねばなりません。人に教えたり、指導することも無償の奉仕です。先輩達が後輩を指導することは、結果的には自分にはね返ってくるのです。仕事での心構えも同じです。社会のために何かすることはいつか自分達に返ってきます。企業も社会的責任（CSR）を果たすことによって、社会から信用・信頼を勝ち得て、それがいつの日か会社や自分達にはね返ってきます。人々に対し優しさ、温かさをもって常に接することは、自らの心を豊かにし、充実した人生を送ることにもつながるのです。

どんな小さなことでも、社会に奉仕する気持で人のために尽くしていくことを続けていければ、心豊かな人生を送れると思います。そして、皆がたとえ小さなことでも社会に奉仕するようになれば、その世の中はもっと暮らしやすく温かい心に満ちあふれるようになるように思います。

(平成二〇年三月一七日)

❺ あいさつの習慣付け

●あいさつは人間関係でも交渉ごとでもすべてに通じる潤滑油である

私が最近読みました高橋克徳ほか著『不機嫌な職場～なぜ社員同士で協力できないのか』（講談社現代新書）によりますと、社員一人ひとりが断絶して、互いに孤立した関係にある「不機嫌な職場」が増えているそうです。互いに協力し合うよりも自分のことに集中してしまうために、周りのことに目が届きにくくなっているようです。インターネット社会の出現が、大きな要因になっているようですが、隣の机の同僚への連絡事項を、社内ＬＡＮを使って行うような行為も、不機嫌な職場に拍車をかけているといわれています。そのような職場は、人間関係が希薄であるため、社員同士の協力関係を構築することが難しくなるように思います。

そこでまず重要なことは、社員同士が日頃お互いにきちんとあいさつの言葉を掛け合うということです。「おはようございます」「ただいま帰りました」「お先に失礼します」など、その場その場であいさつを交わすことは、社会人として当たり前のことです。武道の世界では、よく「礼に始まり、礼に終わる」といわれますが、このような礼儀の習慣を身に付けるということは、人間同士のコミュニケーションの基礎であり、人間関係を円滑化させるためにも、極めて大切なことです。

朝の出社や夕方の退社または外出時の際に、お互いに大きな声であいさつを交わすことが、社員同士のコミュニケーションを活発にさせ、明るく活気のある職場にすることにつながります。外部の人に対しても、「いらっしゃいませ」「ご苦労様でした」などと、感謝を込めてやさしく声をかけてあげることによって、礼儀正しい、きちんとした社員教育のなされている会社として、高い評価と信頼を得ることにもつながります。皆さんにも、このように、元気よくあいさつするという習慣を、ぜひ身に付けていただきたいと思います。

（平成二〇年四月二八日）

❻ うそはいつか明らかになる

●仕事に失敗やトラブルはつきものだが、正直に報告すれば解決は早い

私は、子どもの頃、よく両親や祖父母から「うそつきは泥棒の始まり」と戒められたことを思い出します。一般的にも、うそをつくことは良くないことであり、その人の信用を低下させることにつながります。イソップ物語の狼少年のように、日頃からうそをつき続けると、真実とうそを混同してしまう、という事態にもなりかねません。

他方で、「うそも方便」という言葉もあります。人間がお互いに生活していく中では、うそをつくことによって、人間関係を円滑化させるという面もあるでしょう。また、目の前の苦境から脱するために機転をきかせて、一時的にうそをつくことは、それ自体が悪いことではありません。

❻ うそはいつか明らかになる

しかし、仕事の中では、うそをつかずに正直に報告・伝達をすることが重要です。なぜなら、一度うそをつくと、そのうそを糊塗するために新たなうそをでっちあげなくてはならなくなり、徐々に話の内容が支離滅裂なものになるからです。また、うそをそのままにしておくと、問題が雪だるま式にふくれあがり、会社の信用問題にまで発展する危険性があります。このような問題をあらかじめ防ぐためにも、常に正しい報告を習慣付けることが大切です。法廷での虚偽の証言と同様に、うそはいつか必ず明らかになります。

仕事には失敗やトラブルはつきものですが、この場合には真実を包み隠さず報告することによって、機敏な危機管理の対応が可能となることも忘れてはなりません。

(平成二〇年五月一二日)

❼ 青春とは心のあり様である

●いつも青春を謳歌している気持で人生を送りたい

アメリカの詩人サミュエル・ウルマンが書いた「青春」という詩があります。そこには、人生において、夢・情熱や希望、目標をもち続けることが青春であり若さの秘訣である、と書かれています。一般的には、「若さ」や「青春」という言葉は、年齢的に若い一時代のことを意味するものですが、ウルマンのいう「青春」とは、そのような一時期のものではなく、どのような年齢であろうとも夢や希望や情熱をもち続けるその人の心のあり方を意味します。したがって、たとえ肉体的に衰えようとも、そのような夢・情熱をもち続ける限り、精神的には青春のままである、といえます。今の世の中をみていますと、肉体的には若いかもしれないが夢や希望をみつけられず、生活・仕事に覇気のない老人のような若者が多くなる一方で、七〇歳、八〇歳に至っても、夢や希望をもって、高い目標を掲げて、前向きに充実した人生を送られている人々もたくさんいらっしゃいます。「青春」とは、このように心のあり様によって決まるということです。

このことは、会社のあり方にも当てはまります。会社がいつまでも若くあり続けるためには、経営者や社員が常に会社の将来に対する夢や希望や目標をもち続けながら、仕事をすることが大切です。一人ひとりがそのような情熱をもって仕事に臨むことで、若くて活気のある会社を保ち続けていくことができるものと思います。

皆さんにも、マッカーサー元帥（敗戦後の連合国軍による日本統治の総司令官）がこよなく愛したといわれるウルマンの「青春」という詩を一読されることをおすすめします。

（平成二〇年五月一九日）

❽ 他者への目配り・気配りを忘れずに

●いつも明るく風通しのよい会社にしていきたい

私が最近読みました不破俊輔著『なぜ会社は大きくすると潰れるのか』（明日香出版社）によりますと、会社が傾く原因の一つは、社員が増えることにより社員同士のコミュニケーションが不足し、仕事の内容をお互いに把握できない職場環境をつくってしまう点にある、と書かれています。会社が大きくなれば、社員同士の関係は希薄になり、互いにコミュニケーションを図りながら仕事をすることも難しくなるものと思います。私は常々、出版社のベストの社員数は二〇人が限度であると考えていますが、その理由は、あまりに大人数になりますと、会社の中で互いにコミュニケーションを図ることが難しくなり、出版社が最も大切にしなければならない、しっかりした編集方針の下でのきめ細かな配慮をした編集ができなくなると考えるからです。また、経営や出版企画等の方向性については、社員全員の英知を結集して同意の下に進めていくことが大切であると考えるからです。

しかし、小人数であるからといって、必ずしもコミュニケーションがうまく行われるわけではありません。重要なことは、一人ひとりが自覚的に周りの人への目配りや気配りを行う習慣を身に付けることだと思います。特に、上の立場に立つ人が、部下や同僚に対する目配り、気配りをすることで、会社全体の風通しもよくなるものと思います。また、営業部と編集部が互いに目配り、気配りを行いつつコミュニケーションを取り合うことも大切です。週に一度のミーティング等の場で、互いに現在進めている仕事の内容を確認し合い、問題点があれば指摘し合うという関係を構築していくことで、より活気のある職場環境をつくっていけるのではないか、と思います。この会社を、居心地のよい、人間味のある職場にしていけるよう、お互いに相手への思いやりをもって、仕事に臨めるようにしたいものと思います。

（平成二〇年六月二日）

❾ 悩んだら一歩前へ踏み出す

●くよくよ考えても何も解決しないから勇気をもって行動を起こすことだ

私が昔先輩から教えられ、今でも教訓としている言葉に、「悩んだら一歩前へ踏み出す」という教えがあります。よく人生における苦しみや悩みは、その人の人間性を鍛え、成長させるといわれます。特に、若い人達にとっては、苦しみや悩みに直面することは、若者の特権であり、ゲーテの『若きウェルテルの悩み』にもありますように、深く苦しみ悩むことで、その人が精神的に成長するものと思います。実際に私も若い頃は、そのような苦しみや悩みの中で格闘し、答えを見出そうとしてきましたし、それが今の私にとって大きな財産となっています。

しかし他方で、そのような苦しみや悩みを深刻にとらえすぎて、徐々に身動きがとれなくなり、体に変調を来してしまうことすらあります。特に自分の苦しみや悩みを、友人や先輩や同僚に相談せずに、自分一人で抱え込んでしまいますと、ますますその苦しみから逃れられなくなりかねません。そのようなときには、私が冒頭で申し上げた教訓をぜひ思い出していただきたいと思います。つまり、苦しみや悩みに直面したときには、そのことに悩み続けているのではなく、とにかくまず一歩を踏み出してみること、行動を起こしてみることが解決の糸口になるということです。確かに一歩を踏み出すこと、行動を起こすことは、それだけの勇気が必要ですが、勇気をもって一歩を踏み出すことで、それまでとは違う観点から自分の苦しみや悩みを見つめ直すことができるものと思います。その意味でも、苦しいときや悩んでいるときには、「悩んだら一歩前へ踏み出す」という言葉を思い出して、勇気をもって前へ歩んでいかれるとよいのではないか、と思います。

（平成二〇年六月九日）

⑩

真面目が一番

●いつまでも真面目に愚直に仕事を進めていきたい

昨今の世界的な株安から、金融資本主義の崩壊の危機というものを実感します。欧米の金融機関は深手を負い、日本の株価もバブル後の最安値を更新しています。証券投資というものは、常にリスクと裏腹であり、ある意味で博打の要素をもちます。

私は住友家の家訓である「浮利を追わず」という言葉を思い出しました。浮利とは、一時的な目先の利益のことであり、これを追求しない、すなわち、真面目に汗水を流して正業に取り組むことこそが、企業が信用と信頼を勝ち得る源泉である、ということを意味しています。

一七〇〇年代から始まった資本主義は、バブルの生成と崩壊の歴史とまでいわれています。かつては一国での経済発展は投資を生み、これが崩壊するということを繰り返してきました。ところが、世界経済がグローバル化した今日では、一国の信用秩序の崩壊は瞬時に世界に波及してしまいます。今日の世界的な金融・経済危機の発生は、全世界が浮利を追った結果だともいえるのではないでしょうか。

翻って、私達の仕事も会社の経営のあり方も、日々、真面目に仕事をこなすこと、愚直に仕事を進めることが求められています。決して基本を忘れず、自分の能力を最大限に高めていくことが、企業にとっても、個人の生き方にとっても必要なのではないでしょうか。いま一度、「浮利を追わず」という言葉を噛みしめたいものです。

（平成二〇年一〇月二八日）

⓫ 小さい問題でも軽視しない

●危機管理の要締はホウ・レン・ソウ（報告・連絡・相談）の徹底である

犯罪の発生を防ぐ要諦は、小さなうちに原因の芽を摘むことだといわれています。徴候があったら、関係者が密接に連携・協力して対処すれば、多くは事件になるまでに解決することができるのです。

皆さんもご存知のように、ニューヨーク市のジュリアーニ市長といえば、二〇〇二年のアメリカにおける同時多発テロの際に、市民のために奮闘した人物として有名です。しかし他方で、彼は、悪名高いニューヨークの治安を改善させた功労者でもあります。ジュリアーニ市長は、「破れた窓はそのまま放置せず、必ず直す」という破れ窓理論を採用し、ニューヨーク市の治安の回復に努めました。つまり、小さなうちから犯罪の芽を摘むことによって、大きな事件の発生を防ぐという発想です。これにより、犯罪の温床を取り除き重大犯罪の発生を未然に防ぐことができるのです。「壊れたらすぐ直す」を実行することによって、ニューヨーク市の治安は劇的に改善され、市内から出ていった白人層も戻ってきて中心部の安全性は全米でも高い方に入っています。

この考え方は私達の会社にも当てはまります。社内でのどんな小さな問題でも、それを放置しておけば、大きな問題に発展しかねません。それぞれの問題を社員同士で共有化し、未然に解決することが重要です。初期の段階で、問題に対して迅速・適切に対処することが、大きな事故を防ぐことにつながります。つまり、コンプライアンスとは、決して難しいものではなく、小さな問題にも十分に注意を払い、迅速・的確に対処することであり、その基本は、ホウ・レン・ソウ（報告・連絡・相談）を徹底することに尽きます。皆さんにもぜひ、この点を心掛けて日々の仕事に取り組んでいただきたいと思います。

（平成二一年二月二六日）

⓬ 日々の積み重ねの大切さ

●毎日一つでも何か得ることを探し出す努力を続けることが成長を促す

五月九日に、森光子さんが舞台「放浪記」の公演二〇〇〇回を達成されました。「放浪記」は薄幸の作家、林芙美子の半生を劇作家の菊田一夫氏が舞台化したものですが、森光子さんが四一歳の時に初舞台で、現在八九歳、四八年の歳月をかけての偉業達成です。五月二九日には、「国民に夢と希望を与えた」として国民栄誉賞が授与されることが閣議決定されました（七月一日に授与）。森光子さんが二〇〇〇回達成の後のインタビューで、長年にわたって舞台を続けてこられた秘訣を尋ねられ、「これが生活の一部ですから」と答えていたのが印象的でした。日々の生活を淡々と送るように、観客に感動を与え続けてきたのです。演出、構成、脇役、照明等たくさんの人の支え、その中での偉業達成であるかと思います。また、四八年の長きにわたって続けてこられた中には、人に言えない苦悩があったのではないかと想像できます。

　私達も日々の積み重ねの中で生きています。単調ですが、一日一日をしっかりと積み重ねていくことで、様々な悩み、苦しみ、葛藤を乗り越えて社会人として成長し、仕事の能力も向上していくのです。こうした一面単調とも思える人生であっても、毎日多くの人に支えられていることを意識して、日々仕事をしていくことが大事であると思います。森光子さんの偉業から、日々の積み重ねの大切さを感じ取れれば、森光子さんのように人に大きな感動を与えられないかもしれませんが、単調な毎日の中にも人生や仕事の喜びを見出せるのではないでしょうか。

（平成二一年六月一一日）

⑬ 学問のすすめ

●人は死ぬまで学ぶことを通して成長し続けられる

最近、高校生の時に手にとった福澤諭吉の『学問のすすめ』を数十年ぶりに読み返してみました。当時は難しく感じ、わからないことも多くありましたが、今となっては鮮明に理解ができます。時がたって、自らの知識と経験が増している中で、理解ができなかった本をもう一度読み返してみるのは大切なことだと考えます。

福澤諭吉は、「天は人の上に人を造らず、人の下に人を造らず」で始まる有名な冒頭部分で、「いま広くこの人間世界を見渡すと、賢い人、愚かな人、貧しい人、裕福な人、貴人、下人もいて、このような雲泥の差はなぜあるのか。その理由はあきらかである。『実語教』という本の中に、人学ばざれば智なし、智なき者は愚人なりと書いている」と書いています。つまり、賢い人と愚かな人との違いは学ぶか学ばないかによって決まるものなのです。西洋のことわざにも「天は富貴を人に与えるのではなく、人の働きに与える」とあります。つまり、人は生まれた時には、貴賤や貧富の区別がない。ただ、しっかり学問をして物事をよく知っているものは社会的な地位が高く、豊かになり、学ばない人は貧乏で地位の低い人になる、というものです（斎藤孝訳『現代語訳学問のすすめ』ちくま新書）。

つまり、一言で申し上げると「一生懸命に勉強をしなさい」ということでありま す。この本は欧米列強と対等にわたり合うためには、人材の育成が急務であった明治五年から九年にかけて分冊として刊行されたもので、福澤諭吉は教育者として学問の必要性を身にしみて感じていたのです。勉強は、人のためではなく、自分のためにするものです。明日すぐに役に立つということではありませんが、必ず後で役に立ちます。広くいろいろなことを学ぼうとしない者は、いつまでたっても社会の中で重要な役割は担えないでしょう。あわせて「故《ふる》きを温《たず》ね、新しきを知る」（温故知新）ということもやっていかなければなりなせん。

（平成二一年六月二四日）

II　仕事力を磨く

⑭ 自己研鑽からやる気が起きる

●「やればできる」の精神で日々研鑽を積むしか成長の方法はない

過日、当社が編集・制作した、今中利昭先生の法学博士学位授与論文『動産売買先取特権に基づく物上代位論』の学位授受祝賀のパーティーに参加しました。最高裁判所の判事など約三五〇人が参加し、盛況の中で行われました。パーティーの席では、本書について、多くの方から内容・装丁など、たくさんのお褒めの言葉をいただくことができました。出版した本を褒めていただけるのは、まさに編集者冥利に尽きます。

わが社にとって、人づくりは大きな課題です。人は石垣、人は城といわれています。人をいかに育てるか、多様な対応力のある人材に育てるかが今後の会社の行方を左右します。

先日読んだ本に、「人はやればできる。やらなければできない。できないことはない」という言葉がありました。一回読んでわからなければ一〇回、一〇回読んでわからなければ一〇〇回、一〇〇回読んでわからなければ一〇〇〇回と、努力すれば必ず理解できるわけです。まさに自己研鑽しか能力を培う方法はないわけです。自己研鑽をすることで、やる気も起きてくるものです。若手の皆さんは、早く一人前になれるよう努力していただきたいと思います。

仕事ができるようになり仕事のおもしろさが理解できてくると、さらにやる気も高まってきます。やる気が高まればさらに自己研鑽をして仕事の能力も高まるという好循環へと道筋をつけるようになるわけです。

（平成二〇年一月二八日）

⑮

自ら考え行動できる飛行機人間になる

●社会人になれば自発的に学ぶ姿勢がなければ成長できない

外山滋比古著『思考の整理学』（ちくま文庫）という本に、グライダー人間と飛行機人間の違いというものがありました。空を飛ぶために、グライダーは人の力を借り、自らの力では動かすことができません。一方飛行機は、動力をもち、自らの力で飛びます。

これを人間に置き換えてみると、いまの日本の教育はグライダー人間をつくっているのではないでしょうか。教育プログラム、教科書があり、教師がいて環境が整っているため、生徒は受け身になってしまっています。そのため社会に出ても誰かが教えてくれると思う人が増えてくるのです。与えられた授業では優秀だが社会に出るとうまく対応できず、期待されている人間に成長できないことになってしまうのです。しかし、飛行機人間は社会へ出ても自発的に学ぼうとしますから、どんどん伸びていきます。現代は「学校優秀、社会劣等」な人間を生み出す状況になっているのです。

昔は、学問や技術を教える以前に、薪取りや水くみなどをまずさせました。一年、二年と生活の基本をまず修得させる中で、自ら学びたいという気持を芽生えさせたのです。意欲が高まると、吸収も早まったのではないでしょうか。師もすべては教えず、知識は奪い取るものと思うようにさせていました。能力を高めようとする気持は、自ら考え、行動する気持になるのです。

仕事でも自ら行動を起こすことが必要です。皆さんも飛行機人間になれるよう日々努力をしてください。

（平成二〇年三月一〇日）

⓰

継続は力なり

●人生には無駄はない、しかし日々の努力を怠ってはならない

私の大好きな作家の一人である宮本輝氏は、生きることについての訴えかけをしている作家、あるいは氏の作品をして、天使の文学などと評されています。

氏の作品には、人生に無駄なことはないというメッセージがあります。いま自分が行っていることは、回りまわって自分の周囲の人達のためになり、そして社会のためになっているということです。

同様に、仕事にも無駄なことはありません。いま自分が行っている仕事は、周りの人のためになり、社会のためになるのです。そのような中で、うまくいかなかったときなどに、なぜ自分だけ、という気持が芽生えてしまうと、仕事もつまらないものになってしまいます。何事もできるようになるために継続する努力が必要なの

です。「人の一生は、重い荷物を背負って遠き道を行くがごとし」という徳川家康の格言がありますが、まさにこのとおりなのです。

職業でも一つの仕事を継続することが大切です。一、二年で退職を繰り返す人がいますが、結局は転職をすればすべてを一からやり直さなければならないわけですから、いつまでたってもスキルが身に付かず気が付いた時は、仕事の能力で大きな差がついてしまいます。人脈にしたって、転職をすればすべて一からつくっていかなければならないわけですから、大変な回り道をしてしまうことになってしまいます。

何事も継続すれば必ず力になります。「継続は力なり」をぜひ実行していただきたいと思います。

（平成二〇年四月一四日）

⑰ 陰の努力は必ず報われる

●他人に見えないところで何をしているかで真価が問われる

私は幼い頃、祖母から「悪いことをしてはいけない。いつもお天道様が見ているんだから」とよく教えられたことを、思い出します。これは、たとえ他人が見ていなくても、お天道様が人間の所業をきちんと見張っているのだから悪いことはできない、という日本人の道徳規範を端的に示した表現ではないか、と思います。しかし、このようなお天道様という神聖な存在が人間の悪い部分や良い部分を見通しているという意識が、現代の社会では希薄化しているということは否めません。他人が見ているところでは善人らしく振る舞うけれども、他人の見ていないところでは、自分勝手な行動をしたり、平気で道徳に反することを行うという人達が増えているのではないか、と思います。

　これは、仕事に対する姿勢にも当てはまります。つまり、仕事も同じように、他人が見ていないところでも普段と変わりなく、いかに懸命に努力をするかという点が重要なのです。その人に対する他人の評価は、そのような常に変わらない陰の努力をいかに行ってきたかによって、決まってくるのです。自分を評価してくれるよう声高に叫ばなくとも、他人が見ていないところでの地道な努力をすることが、結果として自然とその人の評価や評判を上げるということです。他人は、こうした陰の部分を温かく、必ず見ていてくれるのです。

　このような姿勢で仕事に臨むことによって、私達の会社も私達自身も、大きな評価や期待を受けることにつながるものと思います。「お天道様」は、そのような陰の努力に必ず報いてくれるものです。

（平成二〇年四月二一日）

⑱

提案型の人間になる

●自分の考えを積極的に提案することによって構想力・企画力を磨ける

私が大学を卒業して、編集の世界に入った時は、編集の仕事はまだ職人の世界でした。今日のように手取り足取りで仕事の内容を教えられることはなく、先輩の仕事のやり方を見て盗んで覚えるか、わからないことは先輩に自分で聞き、それをメモにとって憶えることが必要でした。一度教えられたことを繰り返し聞き返すことは、相手にとって失礼なことですので、先輩や上司からアドバイスをもらったときには、必ずその場でメモをとって、忘れないようにしていたのです。そして、そのような厳しい環境の中で鍛えられたおかげで、今でも若い時の仕事のやり方が私の編集者としての基礎を形づくっているといえます。「鉄は熱いうちに打て」という言葉があるように、若い時に厳しく指導を受けると、後になってそれが大きな財産になるものと思います。

そして、一年が経つ頃になると一応の編集の仕事が身に付いてくるわけですが、次に必要なことは自分の考えを相手に提案する能力を養うということです。つまり、ただ助言を求めるのではなく、自分自身で一定の判断を下したうえで、上司や先輩に教えを乞うという主体的な姿勢が必要になってくるのです。相手に判断を求めたり教えを乞う場合には、必ず自分の考えをまとめて、提案をしたうえで答えを求めるという姿勢を習慣化することで、自分の考えを明確に相手に伝えられるようになり、編集者としても一人前の仕事ができるようになるものと、思います。こうした姿勢は、考える力を付けるとともに構想力・企画力を伸ばしていくことにもつながるのです。これから仕事を進める場合においては、ぜひこのような自ら考える、提案する姿勢を習慣付けてほしいと思います。

(平成二〇年五月二六日)

⑲ 謙虚な気持で教えを乞う姿勢が大切

●「仕事は盗んで覚える」ことを実践すれば一人前になるのも早い

私は、仕事にとって大切なことは、仕事の基礎をしっかりと身に付けることだと思います。基本がしっかりと身に付いていないと、その基礎を踏まえた応用的な仕事がうまくできないことになります。そして、その基礎を自分の中に吸収するためには、上司や先輩から教えられたことや叱られたことを、素直に受け入れるということが、とても大切です。教えられたことに対して、偏狭・偏頗なこれまでの知識・経験に拘泥することなしに、謙虚に受け止めることが、その人の基礎体力を確実につくっていくことにつながります。そして、教えられる立場にいる者は、教える人の気持に応えるためにも、謙虚に相手の話に耳を傾けるようにしなければなりません。

私が編集者になった当初は、上司や先輩が懇切・丁寧に仕事を教えてくれることはなく、仕事は自分で盗むものと考えられていました。本来、仕事はそのように人から教えられるものではなく、自分から相手の技術や方法を盗んでいくものであると思います。仕事を教えられる人は、一日も早く一人前になれるように、上司や先輩からの教えに謙虚に耳を傾けると同時に、そのような先輩の仕事を盗むという心構えも重要であると思います。

そして、このように謙虚な姿勢を保ち続けていければ、必ずや人から愛され信頼される人間へと成長していくことになります。

（平成二〇年七月二四日）

⑳

小さな努力の積み重ねが大切

●どんな偉大な人物の業績も一歩一歩の努力の積み重ねの成果である

皆さんもご存知のように、シアトル・マリナーズのイチロー選手が、日米通算三〇〇〇本安打達成という偉業を成し遂げました。イチロー選手は、試合前の入念な準備や健康管理の徹底など野球に対する厳しい姿勢をもっていることから、周りのチームメイトからは、修道者と呼ばれているそうです。私は、そのようなイチロー選手の自己研鑽と日々の小さな努力の積み重ねこそが、今回の記録達成の背景や要因となっていると思います。彼は、三〇〇〇本安打を達成した後の記者会見において、これからも自分で壁を設定し、それを乗り越えていくという意気込みを語っていましたが、このような自己を律し、継続して努力していく姿勢が大きな記録の達成につながっているものと思います。

私達の仕事においても、事情は同じであると思います。毎日の小さな努力の積み重ねが大きな仕事の達成に結びつくのでありますし、それによって会社も発展していきます。そして、そのためには、一人ひとりが自分の目標を設定し、それを乗り越えていくための努力や勉強を継続するという姿勢が必要になります。そうした努力の積み重ねによって初めて、一人前の社会人となり、また一人前の編集者や職業人になれるものと思います。皆さんにも、イチロー選手の日々の精進に学んで、自分の限界や壁を乗り越えていってほしいと思います。すべては、「千里の道も一歩から」始まります。

（平成二〇年八月四日）

㉑ 初心を忘れずに

●何事も慣れてくると慢心を生み過信に陥る人が多い

私は、組織や人間が腐敗する元凶は、人間の内にある奢り・傲慢・慢心の心であると考えております。すなわち、仕事上のトラブルやミスは、仕事に対する奢りや傲慢、慢心が起因となっているものがほとんどではないかと思います。特に仕事を始めてから二〜三年経ちますと、初心を忘れ仕事に対する慣れが生じ、先輩や同僚の意見に耳を傾けないなど、奢りの心が芽生えてくるものと思います。車の運転でも、免許をとって二〜三年くらいたった頃が、大きな事故を起こす確率が高いといいます。

しかし、大切なことは、当社の社是（本書扉裏に掲載）にもありますとおり、仕事に対する「謙虚な心と感謝の気持」です。常に謙虚に仕事に向き合い、先輩や周りの意見に耳を傾け、自分の未熟さを自覚しつつ仕事に臨む姿勢が、とても重要です。そして、そのような自分の未熟さを克服するため、謙虚に努力と精進を続けることこそ、奢りや傲慢、慢心の心を断ち切る鍵となるものです。

経営でも同じことがいえます。「順調な時こそ用心深くあれ」といわれるように、業績が好調な時であればある時こそ慎重に事を運ばなければならないと、奢り、傲慢、慢心に陥ることを戒めております。常に初心を忘れないことです。

皆さんにも、日々仕事に対して謙虚に取り組むことで、このような奢りの心を克服していただきたいと思います。

（平成二〇年九月九日）

㉒

人に感動を与える仕事をする

●自らの仕事に感動できなくてどうして他人が感動してくれるだろうか

昨年からの金融恐慌の影響により、今日、企業の経営は、危機的な状況に直面しております。優良企業においても赤字決算に追い込まれていることなどをみてもわかるとおり、現在の日本経済は大きな転換点の時代にあるといえます。今までは、アメリカでの大きな消費行動に助けられ、製造業を中心に輸出主導型の経済モデルで日本の経済は成長を遂げてきましたが、今回のアメリカ発の金融危機・経済危機によって、アメリカ社会の消費行動が縮小していくため、今後は東南アジアを中心とした地域へと、輸出先を転換する必要がでてくるものと思います。

このようなマクロ的な経済動向は、同時にミクロ的な経済の動向にも影響を及ぼします。現代のような危機的な経済情勢に耐えることのできない企業は、倒産せざるをえません。実際に、ここ数カ月における倒産件数は昨年の同時期に比べて大幅に増加しています。今後、企業はますます、資金力・ノウハウ力・経営力などの総合力が試されるといえるでしょう。

しかし、このような苦しい経済情勢の中でも、私達は、仕事に対する情熱や仕事を通して相手に感動を与えるという気持を忘れてはいけません。料理家・陶芸家として高名な北大路魯山人の言葉に、「みずから感激して初めて人を感動せしめることが出来るのである」というものがありますが、私達の仕事にも、この名言が当てはまります。私達のように、ものづくりを生業とする会社は、このような気持で仕事に取り組んでいければ、人生も豊かで有意義なものになるとともに、未来に明るい展望を描くことができると確信しております。現在のような厳しい状況だからこそ、このような情熱をもって仕事に取り組んでいただきたいと思います。

（平成二一年二月三日）

㉓

学ぶことを通して自分を高める

●編集者には社会を分析・予測する能力が求められる

皆さんも新聞やテレビの報道を通してすでにご存知のように、今日世界は未曾有の経済危機・金融危機の最中にあります。日本経済を牽引してきた輸出主導型の経済発展モデルはすでに崩壊する危機に直面していますが、同時に、雇用環境もますます厳しさを増しています。

しかし、私は様々な書籍を読み、新聞報道等の情報を分析した結果、すでに昨年の二月頃には、サブプライムローンの破綻が導火線となった今日のような経済環境をある程度予測することができました。先が見えない時代だからこそ、この社会を分析する能力、そして、その前提となっている「学ぶ」能力がこれからますます重要になってくるものと思います。

「学ぶ」ことについて、中国古代の有名な思想家である孔子は、次のように述べております。「学んで思わざれば、則ち罔（くら）し、思うて学ばざれば則ち殆（あやう）し」、つまり、書籍を読むことなどを通して、多くのことを学ぶ必要がありますが、同時に、それを基にして自分で考えることがとても重要である、ということです。このことは、特に私達の仕事に当てはまります。常に社会の先を見据えるためには、社会の状況や物事の理非を的確に判断する能力が求められます。そのためには、多くのことを学び、自ら考える姿勢がとても大切です。皆さんにも、この「学ぶ」姿勢を日頃から心がけていただきたいと思います。

（平成二一年二月一〇日）

㉔ 一日一生の気持が大切

●明日死んでも悔いはない、そんな人生を歩んでいきたい

最近、私の友人・知人が相次いで急逝しました。

先日は、長年にわたりクレサラ被害救済問題に従事してこられた司法書士の芝豊先生がお亡くなりになりました。先生には、生前、『任意整理・過払訴訟の実務』や『詳解　消費者破産の実務』などをご執筆いただき、当社の熱心な支援者でもありました。また、司法書士として初めてクレサラ問題を提起し、社会にその問題性を訴えた人としても有名です。私自身も先生とは二〇年来のお付き合いをさせていただいており、先生の訃報を聞いたときには、深い悲しみに襲われました。

また、以前野村證券に勤務していた私の古くからの友人も、最近、突然亡くなりました。彼は、奥様との食事の席で急に体調を崩し、そのまま息を引きとったそうです。このような私の友人・知人の突然の死には、私自身も他人事ではない心持ちがいたします。

私は、このような出来事の中で、私の座右の銘の一つでもある次の言葉を思い起こしました。それは、「一日一生」です。これは千日回峰という荒業を成し遂げた酒井雄哉という高僧の言葉でもありますが、一日一日を一生懸命に悔いのないように生きる、という意味です。私達は、毎日をただ漫然と過ごすのではなく、日々悔いのないように充実した毎日にしていくことが大切です。このような気持で毎日を生きていく努力をしていけば、職務遂行能力をはじめ、人間的にも大きく成長していけるはずです。皆さんにも、日々精進を惜しまず、仕事に臨んでいただきたいと思います。今日の一日は、もう永久に来ないのですから。

（平成二一年三月一七日）

㉕ 常に向上心をもつ

●障害者の日々の苦労に思いやれば健常者はもっと努力できるはずだ

先日私は、北京のパラリンピックで、車いすのテニスで金メダルを獲得した国枝慎吾選手が出演したＮＨＫのスポーツ番組を見ておりました。彼の金メダルは、同じく車いすで生活している多くの少年たちに夢と希望を与えたものと思います。この番組の中では、彼がテニスに打ち込む真摯な姿とともに、彼が中心になり国際テニス連盟に働きかけたことにより、健常者と同じように車いすプレーヤーによるウィンブルドン大会などの四大大会を開催することが決定した旨を報じていました。これによって、車いすのテニスプレーヤーがプロとして活躍できる場が作られたわけです。彼は、公務員を辞め、プロとして生計を立てていく道を選択したわけです。

私が思いますに、彼をここまで強くさせたのは、プロの道へ進もうとする強い意志とそのための日々の努力にあったのではないかと思います。彼は、毎日自分が行ってきた練習の内容や反省点をノートに記しているとのことですが、そのノートの表紙の裏には、「向上心」という言葉が大きく記され、その下に「もっともっとうまく、強くなれる!」と書いてありました。それは、たとえ障害を負っていようとも、向上心をもって物事に取り組めば、必ずや成功の道が開かれてくることを私達に示しております。

私は、この「向上心」こそすべての物事に通じる大切な意義があるように思います。つまり、日々向上心をもって物事に取り組むことが成功の鍵であるということです。そして、そのような意識で仕事に取り組むことで、仕事に対するプロ意識が生まれます。プロとして生きていくためには、その道その道で厳しさは常につきまとうわけであり、成功するかしないかは、向上心にかかっているといっても過言ではありません。皆さんも、今日より明日、明日より明後日という向上心の気持をもって日々の仕事に取り組んでいただければ、未来は明るいものになると思います。

(平成二二年六月一日)

㉖ 能力の差は、やる気の差

●自らの仕事に情熱をもてない者を企業が歓迎するわけはない

大和ハウス工業の中興の祖と呼ばれている樋口武男会長の言葉に、「能力の差は、やる気の差」というものがあります。私はこの言葉に共鳴をいたしました。私は、人間一人ひとりは、本来的には、それほど大きな能力の差はないと考えております。それでは何が差をつけるかといえば、物事に対するやる気や情熱の高さだと思います。まさに、「好きこそ、ものの上手なれ」といえます。

そのため、たとえ学業の成績や試験が優秀な者であっても、その仕事に対するやる気や情熱がなければ、いつしか能力は衰え、成績も上がらなくなります。逆に試験の成績が悪い人でも、与えられた仕事に情熱をもって取り組むことができれば、いつしか学業が優秀であった者を追い抜いて、トップクラスの能力をもつことができるといえます。そして、やる気のある人は、周囲からの評価も上がりますから、自然と向上心が生まれ、次々と新たな仕事をこなしていくことができます。逆に、やる気のない人は、仕事に対する不平や不満だけを述べて、改善に向けて努力しようとはしません。このような人は、学業が優秀であった人によくみられることで、周囲の期待も大きかっただけに評価も厳しいものとなり、一層の負の連鎖へと落ち込んでいくことになってしまいます。

たとえ今までの成績が悪くとも、この樋口氏の言葉のように、やる気さえあれば能力を伸ばすことができるのです。皆さんも、この樋口氏の言葉を胸に刻んで日々の仕事に取り組んでいただきたいと思います。

（平成二一年六月一六日）

㉗

志の高い職業人であれ

●自らの職業に対して情熱と志が高ければおのずと道は開ける

私が好きな江戸時代の言葉に「駕籠《かご》に乗る人、担ぐ人、そのまた草鞋《わらじ》を作る人」というものがあります。世の中それぞれ仕事に分担があり、社会に必要とされているという意味です。私がこの言葉をなぜ好きなのかというと、それぞれの立場で社会のお役に立つということが端的に表れているからです。人々に必要とされる多様な仕事をそれぞれが担っているからこそ、世の中はスムーズに回ることができるのです。職業に貴賤無しという言葉も、どんな職業でも社会に必要とされているということも含んでいるかと思われます。

しかし一方で、世の中では知的能力や個性、特別な技術が必要となる仕事は社会的な評価が高く、肉体労働やファーストフードにおけるマニュアル的な単純作業が主な仕事はそうではないということもまた事実です。前者は、高度な知識、能力、たゆまぬ日々の努力が必要であり、誰にでもできるものではなく、それゆえに社会から評価もされるのです。また、誰でも希望したからといって容易に就ける仕事ではありません。

私たちの出版という仕事は、極めて高度の知識、能力とともに日々の努力が必要な職業ですから一般の仕事より社会的な評価の高い仕事だと思います。私は編集者となって四一年余になりますが、その間に極めて高い知識を有していたものの出版という仕事に対応できずに辞めていった多くの人をみてきました。これは仕方のないことです。出版という仕事は、本づくりに生き甲斐を感じることができ、本が好きで、多くの知的な人々とのコミュニケーションをとることが好きで、常に物事を深く考えることができる等、様々な特殊な要素が必要だからこそ、この社会的な評価があるのです。加えて、「世の為、人の為」を思い、高い志をもたなければ務めることができません。こうした仕事をすることに誇りをもち、努力を続けて仕事を全うしてほしいと思います。

（平成二一年七月七日）

㉘ 考えることはいつでもどこでもできる

●考えることを通して想像力・構想力が高まっていく

中学生の頃に学んだ「パスカルの原理」として有名なパスカルは、「人間は考える葦である」という格言を残しています。「考える」という行為は、万物の中で人間だけがもつ特性であるから、常に考えるという能力を磨いていかなければいけません、という意味と理解しています。

私たち編集者の仕事はクリエイティブな職業です。つまり、無から有をつくり出す創造的な仕事ですから、思考・思索をねばり強く行うことによって成り立つものです。一つのヒント、ひらめきから始まり、考え、考え抜くことによって形あるものとして世に送り出すわけです。考え、考え続けることによって、ヒントやひらめきが次第に形あるものへと進化していきます。その過程においては、思いついたことなどをメモに取っておくことによって、バラバラだった思考が一つのものへと形づくられていくものと考えております。私達は天才ではありませんから、考えついたこと、ひらめいたことをその場、その場で、メモに取らなければすぐに忘れてしまいます。私が常日頃から、思いついたことを必ずメモに取るようにすすめているのは、このことなのです。メモとメモの行間を埋めていく構想力・発想力によって具体的な企画へ結びついていくわけです。

　私達には一日二四時間しか与えられていません。すべての人間が平等に与えられているものは時間しかありません。この平等に与えられた二四時間をどのように使うかによって、長い間には大きな個々人の差になって現れてくるものと思います。考えることは、いつでもどこでも可能です。電車の中、歩いているとき、お風呂の中、あらゆる場所で考えることだけは可能なのです。寝ている間以外は、私達は考えることができます。

　一冊の本を企画するためには常に考えることが求められます。企画のことを常に頭の片隅に置いて、考え続けていくことをしないと、簡単には具体化できるものではないと思います。よく、出版企画のことが夢の中に出るようになれば編集者として一人前という人がいます。それだけ編集者の仕事は考えるということを必要とする職業でありクリエイティブなものなのです。

常に企画のことを考えていることが当たり前のような生活ができないと、編集者としては大成できないと思います。これは訓練することによって誰でも身に付けられるわけですから、考えることが楽しみとなるように、慣習化してほしいと思っています。そして、考える力を日々の努力で高めていっていただきたいと思います。

（平成二一年七月一日）

第二章

出版人として一人前になるために！

㉙

出版人には豊かな知識が必要

●職業に誇りをもち多くの本を読むことを習慣化してほしい

自己研鑽なくして人間として、職業人として成長することはできません。常に勉強を怠らず、知識・教養を身に付けていかなければ成長を継続することができません。

豊かな発想力と企画力は、読書なくしては生まれません。何でもよいから多くの本を読むことから始めることです。本からは様々な知識を得ることができます。知識が豊かになれば、併せて発想力が豊かになり、企画のヒントがたくさん生まれてきます。

また、知識・教養が豊かになれば、当然に人間として成長していく糧になりますから、周囲や仕事上でお付き合いをする方々からも信頼され高い評価を頂載できることにもなります。

そして、自ら考え、決断をして行動を起こすことが自信につながります。人に言われたことをこなすのではなく、自分でどのように行動すべきかを考えて、仕事をしていくことによって成長し、それが自信につながっていくのです。

出版という職業のすばらしさは、自ら携わった書籍が多くの人々に読まれるとともに国会図書館等に収蔵されて、永久に人々の目に触れるということです。そして、少なからず社会のお役に立ち、影響を与えることができることです。こんな名誉な職業は他にはありません。それだけに職業に誇りをもち、常により良い作品をつくり出す心構えと実践が求められます。

（平成二〇年一月二一日）

㉚ 裾野の広い人間になる

●基礎・土台がしっかりしていれば高い所を目指すことができる

消費者問題に対する深い造詣と被害者救済の実践活動で著名な木村達也弁護士と私は、約三〇年前にクレサラ被害救済の運動の中で知り合いました。厳しい取り立てが行われ、自殺・一家離散などが多発していた時期です。そんな中、業者から様々な脅迫まがいの嫌がらせを受けながらも木村先生は毅然と被害者の救済活動を行っていました。私も出版人・編集者として「自分に何かお手伝いできることはないか」と話をもちかけたことがきっかけでした。

木村先生は、今は亡き父親に言われたことで、いつも頭にこびりついていることがあるそうです。それは、学生時代に二人で話をしていたときに「富士山はなぜ高いのか」と突然質問された時のことです。突然の質問に先生は答えに窮したそうですが、その時父親は「裾野が広いからだ」と説かれたそうです。そこで父親は「人間も同じである。高いところを目指すには、裾野の広い人間になることである。そのためには日々勉強し、人間的な裾野を広げていく必要がある」と話したそうです。以来、先生はその言葉をいつも胸に秘め、努力を重ねてきたそうです。

人の上に立って組織を引っ張っていくには人としての裾野の広さが必要です。毎日努力を継続し、多くのことを学ぶことによって裾野は広がっていきます。私達もこのことを心がけ、日々過ごしたいものです。

（平成二〇年三月二四日）

㉛ 若い頃に学び、経験する

●若い時の生き方が将来の人生を左右する

若いということはどういうことでしょうか。ある本によると、第一に体力があることです。体力があれば、ハードな仕事にも耐えることができ、自らに負荷をかけることで力が伸びていくということです。そして第二に脳が柔軟なことです。とりわけ二〇～三〇歳代は脳が柔軟なのだそうです。脳が柔軟ということは、理解力・吸収力が高いわけですから、本を読んだり勉強したことがしっかりと吸収され記憶されるということです。さらに、物事に対しても柔軟な対応が可能な時期ですから、いろいろな人々の教えや考え方に接することによって、思考力、考察力を高めることができる時です。

成長をするためには、体力のあるときに負荷をかけることが大切です。スポーツ選手でも、自らの目標を達成するために肉体に負荷をかけ、そのことによって記録・成績が伸びていくそうです。私達も自らに負荷をかけることで知識を吸収し、能力が高まっていくのです。若い頃に学び記憶をすることは、年齢を重ねてから役立ちます。つまり、若い頃に学ぶことで将来に差が出るのです。

将来を有意義に送るためにも、若い頃というのは重要なのです。様々なことを経験し、勉強をしていただきたいと思います。

佐藤一斎の「少《わか》くして学べば則《すなわ》ち壮にして為《な》すことあり。壮にして学べば則《すなわ》ち老いて衰えず。老にして学べば死して朽ちず」という有名な言葉を胸にとどめておいてほしいと思います。

私の経験からいえば、若い時代は、気がついた時にはあっという間に過ぎ去っていってしまうものですから、この時代を大いに大切にしていただきたいと思います。

（平成二〇年三月三一日）

㉜

多くの引き出しをもつ

●物事を多様な視点から考察できる人のスキルは高い

　私は、日頃から、自分の中にどれだけ多くの引き出しをもてるかが、その人の仕事の能力を測る尺度になると思っています。引き出しを多くもつことは、目の前の様々な問題に対処するに際して、その問題を多様な観点からみることや、それを解決するための方法を多くもっているということを意味します。引き出しの少ない人は、自分の中にあるわずかな知識や経験から物事を考え、判断することしかできないために、世の中の様々な諸問題を多様な視点からみることができません。たとえば、現代の格差問題を考えるに際しても、単に日本における賃金格差の拡大というだけでなく、経済のグローバル化と世界的な競争の激化、それに伴う労働市場の拡大が大きな背景にある、ということを考える必要があります。現在のエネルギーや食糧費の高騰という問題も、この格差問題にさらに大きな影響を与えるということも考えられます。このように、一つの問題に対して、様々な観点からアプローチできる能力をもつことがとても大切です。

そして、この引き出しを多くもつことは、その人が高いスキルをもっていることを意味します。たとえば、企画などを立てるときでも、自分の中にある様々な引き出しを使って、今までにないおもしろい企画を立てることもできるでしょう。逆に、このようなスキルをもっていないために、毎日同じ仕事を繰り返す単純労働（ワーキング・プアの問題とも関わります）から抜け出せない人も多くいるものと思います。私達は、出版の仕事に携わる人間として、常に多くの引き出しをもっている必要があります。物事を多面的にみるためにも、企画の素材を多くもつためにも、引き出しをたくさんつくるための努力が大切です。

皆さんには、多くの本を読み、多くの経験を積み重ねることで、引き出しを多くもっていただきたい、と思います。

（平成二〇年七月七日）

㉝ 社会の流れ、環境への変化に対応する

●時代の変化に迅速な対応ができない企業は生き残れない

先日、くいだおれ人形で有名な大阪・道頓堀の「くいだおれ」が廃業しました。六〇年間にもわたって大阪の観光名所として長い間親しまれてきた「くいだおれ」が、このような形で廃業に追い込まれるのをみておりますと、時代の流れや環境の変化についていけない企業や商店は、たとえどんなに老舗であり、知名度があったとしても、没落していくと思わざるをえません。たとえば、私の若い頃には、新宿や上野にはたくさんの大衆食堂が軒を連ね、繁盛しておりましたが、高度経済成長の中で人々の生活が豊かになり、味覚や嗜好が多様化すると、人々が大衆食堂から離れていきました。このように、人々のニーズは時代の変化に応じて、常に変化していきますので、このニーズに応えられなかった「くいだおれ」や昔の大衆食堂は、

時代の中に埋没せざるをえませんでした。

私達もまた、本を出版し販売する立場にある者として、常にこの社会の変化と時代のニーズに応えるということを念頭におく必要があります。たとえ今の人々のニーズに応えているとしても、変化に富んだ読者のニーズに対応していかなければ、会社を持続的に成長させることはできません。時代の先を読み、社会の変化に対応していくという姿勢をもつことが、会社の発展のためにも重要なことです。私達は、この時代や社会の要請に応えるという姿勢を忘れずもち続けねばなりません。

歴史の教訓として、最強の動物といわれた恐竜が、地球環境の変化に対応しきれず、あっという間に地球上から姿を消してしまったように、「最も強い者が生き残るわけではない。最も賢い者が生き残るわけでもない。唯一生き残るのは、変化に対応する者が生き残る」（チャールズ・ダーウィン著『種の起源』岩波文庫、八杉龍一訳）ことを忘れてはなりません。

（平成二〇年七月一四日）

㉞ 誇りをもって仕事をする

●出版人としての高い志と誇りを常にもち続けたい

私は最近、泉三郎著『誇り高き日本人』（ＰＨＰ新書）を読みました。これは、明治政府が成立してすぐに行われた欧米への岩倉使節団派遣を主題とした歴史物語です。当時日本は、江戸幕府が倒され、新しい明治政府が成立したばかりの状況でした。国内的には多くの難題を抱え、国家の基盤も脆弱な状況において、大久保利通や木戸孝允、伊藤博文、大隈重信といった当時の指導者の三分の一が参加したといわれる視察団を欧米に派遣することは、明治政府として並々ならぬ決意であったと思います。つまり、国家政策を誤れば、すぐに列強に飲み込まれてしまう強い危機感があったわけであり、まさに国家の命運をかけた使節団であったわけです。

彼ら新政府の要人たちは、未来の近代的な日本を構築するために、欧米列強の仕組みを学ぶとともに、封建社会から脱皮した新しい日本の姿を世界に誇りをもって示すという目的をもっていたものと思います。科学や技術などの近代文明においては劣るかもしれませんが、日本人としての誇りをもって、各国の政府指導者や資本家と対等にわたり合い、様々な文化・文明・技術などを吸収し、近代国家建設の礎をつくったわけです。

私達の仕事においても、誇りをもつということが重要です。出版人としての誇りをもつこと、誇りをもって対処することが、仕事のやりがいを生み、大きな仕事の実現につながるものと思います。また、それと同時に、誇りをもって仕事をするためには、知識と教養を身に付けることが大切になってきます。岩倉使節団の団員も、それまで培った欧米の制度や思想に対する知識や教養があったからこそ、ひるむことなく堂々と向き合って有意義な視察をすることができたのです。私達も、これら古き良き日本人の姿勢に学び、日々の仕事に臨みたいものです。

（平成二〇年八月一八日）

㉟ オンリー・ワンの仕事を目指す

●他に真似のできない独自の仕事をつくり上げたい

会社の寿命は、平均して四〇年程度といわれております。しかし、日本には一〇〇年以上にもわたって存続し続けている多くの企業があります。これは欧米から見ると極めて珍しいことのようです。会社が衰退する原因は様々ですが、その一つには、創業当時の理念や技術が徐々に陳腐化していき、他の競争相手と差別化できなくなるという点が挙げられます。最初のビジネス・モデルが成功したとしても、それを継続していくためには、常に改革・改善に注力し、他では真似のできない技術や伝統の継承が不可欠です。特に、インターネットが発達した今日では、情報は書籍からでなくても簡単に取得できる環境となっていますから、たとえば当社のような出版社は非常に厳しい状況に立たされているわけです。また、規制緩和によって、今までの官の権威が衰退し、民間に任せられることは民間へ、という時代傾向になってきていますので、規制の中での既得権益を享受してきた業界は、もはやそうした権益を享受することができなくなっております。

このような困難な状況の中で、私達に求められることは、他社では真似のできない当社独自の書籍をつくり上げることであると思います。つまり、他社に類書のないオンリー・ワンの書籍を、他社に真似のできないオンリー・ワンの技術をつくり上げることだろうと思います。そして、このようなオンリー・ワンという姿勢で仕事ができることが編集者としての無上の喜びでありますし、また会社が発展していくための礎です。皆さんにも、そのような姿勢をもって日々の仕事に励んでいただきたいと思います。

（平成二〇年八月二六日）

㊱

先を読んで仕事をする

●先んずれば人を制すことができるのはどこの世界でも同じである

昨日北京オリンピックが閉幕しました。おそらく、今回のオリンピックで一番日本人を感動させた競技は、女子ソフトボールの金メダル獲得ではないかと思います。その中で私が注目したプレーが、アメリカとの決勝戦の九回、ワンアウト、走者一塁の場面での三塁手の守備位置です。彼女は、通常より三塁線寄りかつベースより前に守備位置を変えておりました。それは、アメリカは左打者が続くことと、ピッチャーの上野のシュートを三塁側に流し打ちをしてくるだろうと彼女が予測していたからです。そして、見事にその予測が当たり、日本は大きなピンチを脱し、優勝することができたのです。

私達の仕事も、このように相手の出方、社会の動向などを予測することがとても大切です。常に時代の先を読みながら、仕事をすることで、仕事の効率も上がりますし、その結果にも違いが生まれてくるものと思います。そして、時代の先を読むためには、それだけの知識と教養が必要であることは、いうまでもありません。このことは分野を問わず、編集の仕事においても、営業の仕事においても、常に次に何をすべきかという先を考え、着実に実行していくことがとても大切です。常に二歩、三歩先を読んで仕事を進めることが、迅速・的確な処理につながるのです。皆さんにも、この先を読むという習慣を身に付けていただきたいと思います。

（平成二〇年九月二日）

㊲

目標を掲げ達成することの喜び

●常に目標を高く掲げて達成できたときの喜びを感じたい

私は、会社創業の際にいくつかの目標を掲げました。その中の一つ目は、財務体質の良好な会社をつくること、二つ目は、社員一人ひとりが職務遂行能力や企画力の高い会社にすること、三つ目が、小さくとも優良企業（Excellent Company）を目指すこと、そして、四つ目が創立二〇周年には自社ビルをもつこと、などです。私は、これらの高い目標を日々の継続的な努力によって達成してきました。そして、社員皆さんの努力によって、創立二〇周年目に入った本年の一〇月に、念願の自社ビルの購入にこぎつけることができました。

私は常々、人生とは目標を設定し、それを実現する無限の過程であると考えております。仏教の教えに「念ずれば花開く」とありますが、まさに自ら大きな目標を志として掲げ、継続して努力をしていくことで、その目標が達成されるのです。そのことは、私達の会社にも当てはまります。編集の場合には、編集技術の向上や自ら企画した書籍の出版など、営業の場合には、売上げの増加や取引先との信頼関係の構築などの目標を掲げることで、社員一人ひとりが向上心をもって仕事に臨むことができ、それが結果的には会社の発展につながっていくものと、思います。そして、それぞれが目標を一つひとつ達成することによって生きがいのある、心豊かな職業人としての人生を過ごしていくことができるものと考えております。

　これからも私自身も含め皆さんと一緒に、新しい自社ビルで気持も新たに、大きな目標を胸に抱いて、仕事に励んでいただきたいと思います。

（平成二〇年一〇月二一日）

㊳ スピード感のある仕事をする

●手際よく仕事を迅速に処理できる人ほど能力も高い

近年、時代の動くスピードがとても速くなっております。「十年一昔」という言葉がありますが、今日では、二、三年が一昔かと思えるほど次々と新商品や革新的な技術が登場してきます。今や私達は、今日行っていることが明日には陳腐化するような目まぐるしい社会に生活していることを自覚する必要があります。このような激変する社会の中で、企業が存続していくためには、この変化のスピードに遅れずに、時代の流れに素早く対応できるようにする必要があります。

私は、日頃から、仕事の能力は、仕事をこなすスピードによって決まると考えております。一つひとつの仕事を処理するペースが速ければ速いほど、その人は次々と新しい仕事に取り組むことができ、結果として仕事の成果を多くあげることができます。逆に、仕事のペースが遅い人は、なかなか先の仕事に取り組むことができず、結果的に実績をあげることが難しくなるでしょう。スピード感をもって仕事をするためは、きちんと仕事の段取りを組んで、優先順位を確定しながら先を読んで仕事を進める必要があります。このようなことを常に意識し、考えをめぐらして仕事を進めていけば、結果として、仕事の能力を高めることにつながるのです。私達の会社が、この変化の激しい社会の中で存続していくためにも、皆さんにスピード感をもって仕事に臨んでいただきたいと思います。

（平成二〇年一一月一八日）

㊴ 後世に残る本づくりをする

●息の長い後世に残る仕事をしていきたい

私は先日、上野の東京都美術館でフェルメール展を鑑賞しました。フェルメールは四三歳の生涯の中で三〇数点しか作品を残していないにもかかわらず、彼の光と影の絶妙なコントラストを描いた絵画は今日においても人々を魅了し続けています。

私は、彼の作品を見ているうちに、ふと「人生は短し、芸術は長し」という言葉を思い出し自らの人生を考えさせられました。フェルメールのように、たとえ生存中にその作品が高い評価を得るものではなかったとしても、その作品の価値は後世の人々によって評価され、生き続けることになるのです。その意味で、芸術作品は、芸術家の人生が途絶えたとしても、後世まで生き続け、人々に感動を与え続けるものと思います。

　さて、私達編集者も、自分たちがつくった書籍が後世まで残り続けるという点で、このような芸術家と似たような役割を担っています。つまり、編集者は、自らが歩んできた道のりを書籍という形で後世に残すことができる数少ない職業なのです。私達が企画や編集をし、作品として世に生み出した書籍は、永久に国会図書館に保存され、後世の人達のお役に立つこともできます。私は、日頃から「ベストセラーよりもロングセラーを」と申し上げていますが、それは、自分達がつくった書籍を長い間にわたって人々が手にとって、役立てていただきたいと考えるからです。皆さんにも、後世に残るような息の長い書籍をつくるという気概と誇りをもって、仕事に臨んでいただきたい、と思います。

（平成二〇年一一月二五日）

㊵ 人間力を磨く

●仕事に生きがいをもち社会のために有用な職業人でありたい

先日、私は裁判所の執行官の方々の座談会を開催いたしました。皆さんもご存知のように、執行官は、法に基づいて建物の明渡しや引渡しなどを実際に執行するという重要な職責を担った職業です。その執行官の方々のお話を聞いていますと、彼らがいかに精神的にも肉体的にも苦労の多い職場で日々働いているか、ということが伝わってきます。特に立ち退きに応じない人々に対しては、執行官自身のこれまでの人生および全人格をかけて、説得・交渉を行わなければなりません。相手の中には、家に火を付けたりする者がいたり、時には相手から刃物などで襲われるケースもあるとのことですが、そのような中でも、法律を守り社会の秩序と国民の権利を守るために、仕事に誇りと生きがいをもって日々職務に励んでいるのです。

このような方々の仕事に対する姿勢は、私達出版社で働く者にも当てはまります。たとえば、執筆者に書いてみたいという気持を起こさせるためには、編集者自身が全人格をかけて執筆者に交渉・説得する必要があります。私はこのようないわば人間力がその人の仕事の能力を左右するものと思っています。人間力を磨くこと、言い換えれば、日々自分の仕事を反省し、自分の欠点と向き合いながら、それを克服していくことが大切です。皆さんにも、ぜひこの人間力を日々の仕事の中で磨いていただきたいと思います。

（平成二〇年一二月九日）

㊶ 誰にも潜在能力がある

●石だっていつも磨いていればいつか玉になれる

いよいよ今年もあと少しで終わろうとしていますが、この年末の時期に来年に向けての目標や抱負を考えることは、非常に大切なことです。そこで、私から皆さんに来年に向けてのメッセージを送りたいと思います。

人はよく、自分には能力がないと思って、目の前の壁を乗り越えることをあきらめることがあります。仕事や与えられた課題に対して、失敗したりうまくできなかったことで、自分にはこの仕事をする能力がないと思い込んでしまうのです。しかし、私は、どのような人でも潜在的に大きな能力を秘めていると考えています。現在、経営者として第一線で活躍している方々も、最初から天才的な能力をもっていたわけではなく、苦しい困難を乗り越えて今の地位を築くことができたのです。たとえば、伊藤忠商事の丹羽宇一郎会長は、「酒を飲んだ日でも本を読んでいる。心に栄養を与え続ける努力を怠ってはいけない」と言っています。

これは、人は潜在的にもっている能力を不断の努力によって磨き続けることで、顕在化させることができる、つまり、開花させることができるということです。どんなに素晴らしい才能をもっている人でも、それを磨き続けなければ、能力として発揮されることはありません。昔からのたとえにある「玉も磨かなければ光らず」ということです。

来年は、皆さんにとって、ご自分の中に秘められた能力を開花させるような一年にしていただきたいと思います。

（平成二〇年一二月二五日）

❹❷

総合力が試される時代

●厳しい時こそ会社も個人も強くなれるチャンス

　新しい年が始まったにもかかわらず、昨年秋からの金融危機の影響で、世界や日本の経済状況はとても幸先が良いはいえません。特に、二〇世紀後半から今日の経済を牽引してきた自動車産業などの製造業が低迷していることは、他の産業にも大きな悪影響を及ぼしています。私は、今後はこのような産業に代わって、環境やエネルギー産業のような新しい産業が成長していくものと考えていますが、自動車産業が担ってきたような牽引力を発揮することが難しいのではないか、と思っています。その意味では、今回の一〇〇年に一度といわれている金融危機は、大きな歴史的転換点となるのではないか、と考えております。

　このマクロ的な経済情勢の動向は、私達のマーケットである法曹界にも影響を及ぼしています。最近、私は弁護士の方から、仕事の依頼が減少している話をよく聞くことがあります。従来ですと、不況の時期には、企業の倒産や再生・再編等が活発になるため、弁護士の仕事が増えるはずですが、このような循環が徐々に崩れてきているものと思います。このように、私達の身近なところでも、経済構造の変化が影響を及ぼしているのです。

さて、以上のような変わりつつある経済情勢の中で、私達の会社はどうしていくべきでしょうか。私は、このような危機の中でこそ、本当に会社の底力が試されるものと考えています。つまり、出版社として、社員一人ひとりの構想力、企画力、編集力、販売力などの総合力が試されるものと思います。皆さんには、今日のような厳しい状況であるからこそ、自分の能力を高める絶好の機会ととらえ、チャレンジ精神をもってこの一年を乗り切っていただきたいと思います。

（平成二一年一月六日）

㊸ 品位・品格が求められる時代

●利益だけを追求しない品位・品格のある会社にしたい

　皆さんもご存知のように、今日、米国発の金融危機が世界中に広がり、各国に甚大な影響を与えています。今般の金融危機の中でみえてきたことは、強欲的な金融資本主義が過剰になりすぎた結果、品位・品格のあるビジネス慣行が失われたということです。日本においても、昨年を通して、食品偽装等の事件が多発しました。これは、経営者が企業の社会的責任を放棄し、金儲け至上主義に陥ってしまったからであると思われます。日本には古くから、「利は他人へ」という精神が商人の諫めとして受け継がれてきました。利益を一人占めするのではなく、皆に分け与えることによって全体の商売が繁盛するという考え方、つまり利他の心です。しかし、今日では、ＩＴバブルや金融バブルを通して新興の経営者たちがなりふり構わず自己のみの利潤を求め、経営者としての品位・品格をなくしてしまったといわざるをえません。

このような中で、今後私達に求められるのは、一言でいえば「品位・品格」であると思います。会社としても、社員一人ひとりとしても、品位・品格がなければ良い仕事を成し遂げることはできません。品位・品格が欠如した会社ないしは個々人は、いつしか人々や仲間から信頼・信用を失い、表舞台から消えていってしまうことは歴史が証明しています。今世界は大きな歴史的転換点に立っていますが、これから目指すべきキーワードは、「品位・品格」のように思います。

たとえば、最近、『サルでもできる弁護士業』（西田研志著）という書籍が発刊されましたが、いろいろと意見はあろうかと思いますが、私には、これは、著者の弁護士としての倫理観、職業人としての衿持を疑わせるものであると同時に、当該書籍を発刊した出版社としての品位・品格が疑われるようなものであると感じました。私達は、出版社として利益優先にはしるのではなく、常に品位・品格をもって日々の仕事に臨んでいきたいと考えております。

（平成二一年一月一三日）

44 マルチ・プレイヤーのすすめ

●スピード感と先を読んだ仕事を両立できる能力が求められる

陸上競技の一〇〇、二〇〇メートルといった短距離選手は、中長距離を走ることはありませんし、その逆もありません。ところが、短距離走者と長距離走者の練習方法について、興味深い指摘がありました。通常、短距離走者と長距離走者は、走るフォームや筋肉の使い方などが異なるため、それに応じた練習方法をとるのではないかと思われがちですが、実は、互いの練習方法の中にも共通点があるのです。

たとえば、長距離走者が短距離のスピード走法の練習を取り入れたり、あるいは、短距離走者が、一〇、二〇キロメートルを走り込み、持久力の維持の仕方などを長距離の練習方法から吸収しているなど、互いに良い点を練習の中に組み込んで、能力のアップを図っているようです。そして、このように両方の練習の仕方をバランス良く行うことで、さらに大きな成果があげられるのだそうです。

翻って、私達の仕事も、このことが当てはまります。私達は、短距離走者のように、目の前の仕事をスピード感をもって効率よくこなしていくことが、まず求められます。他方で、中長距離走者のように、一年、二年先、さらには、五年、一〇年先を見据えて企画を立てて、仕事を進める能力が必要です。したがって、私達に求められる資質は、短期的な仕事と中長期的な仕事をバランスよくこなしていくことができるいわばマルチ・プレイヤーになることが求められているわけです。私達、「ものづくり」に携わる者は、広い視野をもって、このようなバランスを念頭に置いて、日々の仕事に臨んでいかなければなりません。

（平成二一年二月一九日）

㊺ 社会性を身に付ける

●多様な経験を積み多くの本を読むことを通して社会性は高められる

近年、新人の弁護士をめぐる雇用環境が悪化しているという報告をよく耳にします。ロースクールの設置などにより、弁護士人口が年々増加する一方で、弁護士資格を取得した人々が、就職活動に苦しんでいる現状があるようです。これまでの新人弁護士は、独立するまでの間、いわゆる「イソ弁」として先輩の法律事務所で働き、徒弟制度の中で、弁護士として必要な資質を磨くことが一般的でありました。それに対して、今日では、ただ事務所の机だけを借りて仕事を行う「ノキ弁」や自宅で開業する「タク弁」、さらには携帯電話一本で仕事をする「ケータイ弁」といわれる弁護士まで現れているそうです。こうした状況の出現は、将来、弁護士制度の根幹を揺るがしかねないとの危機感が叫ばれています。

しかし、このような弁護士の就職状況の悪化は、単に弁護士人口の増大や景気後退、経済情勢の不透明化だけでなく、弁護士自身にも問題があるといわれています。つまり、長年にわたって司法試験等の勉強のみを続けてきたことにより、社会経験が乏しく、社会人として有すべき能力が欠落しているために、就職の際の障害になっていると考えられます。特に、旧司法試験を続けてきたが合格できず、法科大学院へ入り直して、新司法試験で合格できたものの、すでに三五歳を超えてしまっている人の弁護士事務所への就職は、極めて困難なようです。つまり、若くて感性豊かな時代に社会人として備えるべき能力・資質は、三五歳を超えてしまうと、本を読んだり、教育をしてもなかなか身に付けられるようなものではないからです。

これは、私達の会社にも当てはまります。社会性は一朝一夕に身に付くものではなく、様々な経験をし、多様な価値観を吸収していくことを通して養われていくものと思います。特に、若い皆さんには、これから様々な経験を通して、豊かな社会性を身に付けていただきたいと思います。

（平成二一年三月一〇日）

㊻ プロの仕事は奥が深い

●プロへの道は辛く厳しい、だけどプロになってほしい

私は日頃から、どんな仕事でもプロ意識をもつことが重要であると考えております。プロ意識とは、他の人が模倣できないような仕事を行うことであり、それは日々自らの仕事の仕方について、粘り強く考え、行動することによって初めて培われるものです。たとえば、タクシードライバーであれば、様々な経験を通して、お客様が求める目的地までの道順を正確に把握しており、また、お客様への接客態度も非常に親切・丁寧であり、次もこのタクシーに乗りたいという気持をもたせるのがプロの仕事です。また、料亭のプロの料理人であれば、一度お店に訪れたお客様の名前や特徴、好みまでを憶えており、次に来店した際には、お客様に名前で呼びかけてお迎えをし、接待する人の職業や好みに合わせた接客をしようと心がけよう

としています。一流といわれる職人の世界では、人に真似のできないような技術をつくり上げようと日々自分の技術力に磨きをかけています。このような仕事の仕方は、単に与えられた仕事を漫然とこなすのではなく、お客様により質の高いサービスを提供できるよう、自分の仕事の質を高めようとするプロ意識があるからこそ、できることです。

これは、私達出版の仕事にも当てはまります。私達の仕事は、著者からの原稿をそのまま印刷所へ投入するいわゆる編集屋とは異なります。プロの編集者であるならば、書籍の構成を考え、著者の意図を深く読み取り、必要な内容を補うなどの作業を日々行っていく必要があります。そのような仕事をするために、知識・教養・技術を高めようと努力を続けるのもプロの編集者です。そして、そのような日々の行いを通して、誰にも真似のできないプロの仕事が身に付いていくものと思います。皆さんにも、このようなプロ意識をもって、毎日の仕事に臨んでいただきたいと思います。

（平成二一年四月三〇日）

㊼ 仕事こそ人生そのもの

●給料をもらうためだけに会社で働いているのならあまりにも人生は寂しい

先日、作曲家の三木たかし氏がお亡くなりになりました。皆さんもご存知のように、三木氏の作曲した数多くの曲は時代を超えて人々の胸に響いています。私も三木氏とは生前から親交がありますが、末永く歌い継がれる曲をつくるために、多くの苦難を乗り越えてきた方でもあります。彼の話によれば、今まで四〇〇〇もの曲をつくってきたにもかかわらず、実際に世の中に出たのはたった二〇〇曲だったそうです。三木氏ほどの著名な作曲家でも世の中に通用する作品をつくり出すことは、至難の業なのです。

これは、私達編集の仕事にも当てはまります。一つの書籍をつくるためには、多くの困難を乗り越えなければなりません。そして、このような困難を乗り越えることによって、仕事に対する喜びが生まれ、また一歩高いレベルの仕事をこなせるようになるのです。中には、「仕事だけが人生じゃない」とか「仕事だけで人生を終わりたくない」という人もいますが、それは、仕事ができない人、仕事を怠けている人、仕事に情熱をかけられない人の口実・自己弁護にすぎません。私は、仕事こそ人生そのものではないかと考えています。たとえ苦しくとも、一つの仕事をやり抜くことで、仕事をすることの意義や喜びを体感することができます。私は、仕事を通して自らを磨き、仕事を通して知識や教養を高め、仕事を通して目標を実現したときの喜びや達成感を感じ、仕事を通して多くの仲間をつくり、友情を育むことこそ、人生を送るうえで最も有意義なことであると思います。仕事に人生をかけられない人は不幸だと思います。皆さんにも、仕事を通して自らを高め、多くの喜びを感じていただきたいと思います。

（平成二一年五月一三日）

㊽ キーワードは先見性と変革

●二〇〇年たっても成長している会社であってほしい

皆さんもご存知のように、日本経済新聞に毎週一回すでに五〇回を超えて、「二〇〇年企業―成長と持続の条件」という記事が連載されていますが、私は毎回、大変興味深く読んでいます。二〇〇年以上の長きにわたって歴史の荒波を超え、経済構造が大きく変わっているにもかかわらず、なにゆえ継続して今日に至っているのでしょうか。そのキーワードは、「先見性と変革」です。常に、時代のニーズに対応して、創業の精神と伝統・歴史を守りつつ、事業の変革・改革を不断に行いうる企業のみが、長きにわたって生き残っていけるのだと思います。

現代は、激動の時代であり、変化の激しい時代であります。昨日もてはやされた商品やビジネスモデルが、今日では捨てられ、明日には忘れられるといわれるほど、消費者のニーズも変わりやすいものとなっています。そのような時代の中で、企業が生き残るためには、来るべき将来に対する先見性と、多くの意見や情報を収集し、分析・予測する能力を培うことにあります。このように将来の情勢を予測して、行動することで他に先んじて新たな価値を生み出すことができます。

このことは、経営に対する判断だけの問題ではなく、編集や営業の仕事に携わっている者にも当てはまります。常に先を読み、日々の伝えられる情報の背景にあるものを読み取る能力こそ、編集や営業にとって大切な要素となります。このような姿勢で日々の仕事に取り組んでいければ、他よりも一歩先んじた仕事を成し遂げられ、達成感のある充実した人生へと導いてくれるものと思います。皆さんにも、この先見性と変革の能力を、日々の努力の積み重ねを通して、身に付けていただきたいと思います。

（平成二一年五月二〇日）

㊾

失敗を恐れない

●失敗を恐れずに積極的にチャレンジする活気ある職場であってほしい

私は若い頃、よく先輩に「若い頃の失敗は人生の肥やしだよ」と言われていたのを憶えています。若い頃多くの失敗や経験を重ねることで、社会性が身に付き、人間としても幅が広く奥深くなって、社会人として成長し、壮年となって仕事盛りの時期には多くの経験の引き出しをもつことができるようになります。私も、若い頃から数々の失敗を重ねてきましたが、その一つひとつが今の私にとって大きな財産となっています。

確かに、同じ失敗を何度も繰り返すのは愚の骨頂ですが、逆に失敗のない生き方、成功しか知らない生き方の人は、まるでガラス細工のように壊れやすく不安定で、些細なことで挫折してしまうおそれがあります。失敗を通して、人は自分の弱点や欠点を真摯に見つめ反省することで、それらを一つひとつ克服していく契機をもつことができるのです。

孔子の有名な言葉に、「過（あやま）ちて即（すなわち）改むるに憚（はばか）ること勿（なか）れ」というものがあります。失敗をしたときは、ぐずぐずせずにすぐに改めることだ、という意味です。失敗したときには、それを教訓として二度と同じ失敗を繰り返さないようにすれば、また一歩成長することができます。私達一人ひとりも、そして私達の会社も、積極・果敢にチャレンジした結果の失敗やリスクを恐れず行動し、少しずつ成長できればと考えています。皆さんにも、「失敗は成功の母」であるように失敗を糧にして、日々の仕事に取り組んでいただきたいと思います。

（平成二一年七月一四日）

第三章

経営力を磨く！

㊿

危機管理能力を培う

●悪い出来事を真っ先に報告できる社風をつくりたい

最先端の情報収集・分析能力のある海上自衛隊のイージス艦が事故を起こしました。この事故を通して、企業としてどうすべきか考えさせられるものがあります。今回の事故を通じてみるに、国家の危機を守るという本来有すべき自衛隊の危機管理能力はどうなっているのかといわざるをえません。組織は常に危機管理をしておかなければなりません。日頃、惰性で仕事をしていると、このような事件が発生したときに迅速に対応できなくなります。自衛隊こそ日々の危機管理能力が最も必要であると思いますが、長年の惰性に慣れてしまい、組織として奢りがあったのではないでしょうか。そこには日本人特有の気質があるかもしれません。

ある本に「グッドニュースは後に、バッドニュースは先に」とありました。悪いことを先に報告することで組織としてあるべき対応を共有できます。悪いニュースは隠しがちですが、先に提起することでどう対処すべきか自らも考えることができます。一般企業では不祥事があれば多大な非難を受け、存亡がかかります。事が起きた際にどう迅速に対処をするか、最善の方法を考えなくてはなりません。いいニュースよりも悪いニュースを先に報告し、隠ぺい体質をなくすことが組織として大切です。危機管理の前提として必要なことは、「ホウ・レン・ソウ」（報告・連絡・相談）を徹底し、常に組織の全体の状況を全員が把握できる風通しの良い体制にすることです。

（平成二〇年二月二五日）

⑤①　すべてはお客様のために

●利益至上主義・経済優先主義では顧客志向の仕事はできない

皆さんもご存知のように、先日、船場吉兆が廃業に追い込まれました。このことは私達に様々な教訓を与えてくれますが、重要なことは、船場吉兆が顧客志向に立った丁寧な仕事を怠ってきたという点に、廃業の原因の一つがあるということです。

もともと、船場吉兆の創業者である湯木貞一氏は、日本料理への造詣が深く、料理界で初めて文化功労者に選ばれたほどの人物でありますが、他方で、茶人、粋人であり、日本の伝統的な「もてなしの心」を料理の世界にもち込んだ人としても有名です。しかし、湯木氏の後継者である人々が、創業者が大切にもち続けていた「もてなしの心」を軽視し、儲け至上主義、経済至上主義に陥ってしまったために、今回の食品表示の偽装や使い回しに手を染めてしまったといわれています。賞味期限や消費期限を偽装するという行為は、お客様の利益よりも、自分達の利益を優先させることでありますし、顧客志向から離れた仕事の仕方といわざるをえません。

このことは、私達出版社の仕事についても当てはまります。つまり、お客様である読者の立場に立って編集作業や営業活動を行うことが重要です。本の見出しや表題のつけ方、内容の点検等の編集作業も読者の立場に立って丁寧に行っていくことが、商品の信頼性や会社に対する信用を育んでいくものと思います。また、本の発送やお客様への対応についても、親切に相手の立場に立って対応することが、大切です。このように、常に読者であるお客様の立場に立って、毎日の仕事に臨むことを心がけていただきたいと思います。

（平成二〇年六月一六日）

52 社会のお役に立ちたいという気持が大切

●生きていることに感謝できれば前向きに仕事もできる

私は最近、筋萎縮症という重度の難病を負っているにもかかわらず、力強く生きようとする三三歳の女性の話をテレビで見ました。病気が発症して訪れた病院の医師からセクハラ被害を受け、日に日に筋力が衰えていく中で、一八年間にも及ぶ裁判を闘い抜いて、勝訴判決を勝ち取りましたが、すでに独力での歩行は困難になっていました。現在、彼女は毎日寝たきりの状態で過ごしていますが、そのような絶望的な状態の中でも、社会のために自分を役立てようと考え、得意の占いを使って電話相談を始めています。そのようにして、多くの人々の悩みや苦しみに耳を傾けアドバイスすることで、社会に対して何らかの貢献をしようとしているのです。絶望的な状況におかれても、社会のために自分に何ができるかを考え実践している彼女をみて、多くの人々は勇気づけられ、前向きに生きようとする希望を与えられたはずです。手足も動かず、寝たきりの状態にもかかわらず、前向きに社会と触れ合い、社会のお役に立とうとする彼女の姿に、私も感銘を覚えました。

私達も、彼女のように生きていることに感謝し、常に前向きに仕事に臨むことが大切です。彼女の絶望感や塗炭の苦しみからみれば、健常者である私達の日常の悩み、苦しみなど大したことはありません。彼女を見習えば、少しの失敗や間違いで落ち込まずに、前向きに強く生きていくことができるはずです。それと同時に、彼女のように社会に役立つような仕事を心がけることが、重要であると思います。人間は、どのような状況に立とうが、その人の気持次第で、社会に対して貢献をしていくことができます。皆さんも彼女の前向きな姿勢に学んで、少しでも社会のお役に立てるよう、日々の仕事に臨んでほしいと思います。（平成二〇年六月二三日）

㊿③ 奢り、慢心は禁物

●企業理念が社員に根付いていないと持続的な発展は難しい

近年、企業倫理の退廃を強く感じさせる事件が後を絶ちません。ライブドアや村上ファンドの株価操作問題から、最近の船場吉兆や丸明などの食品偽装問題にみられるように、経営者としての資質・矜持や社会的責任が強く問われています。特に、急成長を遂げた企業において、この傾向が顕著に表れていると思います。人材派遣会社グッドウィルの日雇い派遣業の廃業や英会話学校ＮＯＶＡの経営破綻等をみておりますと、経営者が消費者の立場を考えず、法令に違反することや社会的に許されない行為と知りつつも、あえて、儲け優先主義に陥ってしまったことが、これら企業の没落を招いてしまったと考えざるをえません。企業は、たとえ一時急速な成長を遂げたとしても、経営者や社員にしっかりとした企業理念や行動規範が根付いていないと、奢りや慢心が生まれてくることにより、社会的に許されない行動に手を染めかねません。

優良な企業が没落する原因の一つに、経営者や社員の傲慢さや慢心、仕事に対する緊張感の欠如があるといわれています。いくら成長を遂げた企業であっても、会社の内部にこのような雰囲気が広がると、企業は活力を喪失し、成長を持続していくことが困難になるものと思います。これは単に新興企業にだけ当てはまるものではなく、トヨタや日産など日本を代表する企業においても、当てはまります。特に、石油や食糧の高騰を背景として、今後企業活動の方向性が不透明となるために、たとえ今日エクセレント・カンパニーとよばれている優良企業であっても、社会環境の激変によって、その力をこれからも維持し続けるかどうかは、予測できません。

したがって、私達に求められるのは、常に謙虚に仕事に向き合い、時代の先を見据え、緊張感をもって仕事をすることであると思います。皆さんにも、このような自覚をもって仕事に励んでいただきたいと思います。

（平成二〇年六月三〇日）

㊹ 会社の伝統・技術を継承する

●先輩がつくってくれた歴史・伝統・技術を大切に継承してほしい

私は最近、市川團十郎著『團十郎の歌舞伎案内』（ＰＨＰ新書）という本を読みました。そこには、歌舞伎の発祥や成り立ちなどが書かれていますが、私が注目したのは、初代市川團十郎がつくり上げてきた芸が、子孫代々にわたって受け継がれて、すでに四〇〇年、一二代の時を経てきているという点です。いうまでもなく、歌舞伎は日本の伝統芸能の一つでありますが、そこには、父や師匠から教えられたことを、子や弟子たちが忠実に守り、次の世代にその芸を伝えていくという努力があったものと思います。

私達の仕事も、この歌舞伎の伝統と共通する点があります。会社は継続性のあるものとして考えられていますが、もし、会社創業当時の理念や技術が後輩に引き継がれていかなければ、会社が継続的に発展を続けることはできません。したがって、創業者の理念や技術を次の世代に引き継ぐ努力が大切です。先週、新人の研修会を行いましたが、その目的の一つは、このように創業者から引き継がれた会社の理念や編集の技術を、先輩から後輩に引き継ぐという点にあります。そのため、先輩から教えを受けた新人諸君は、先輩から教えていただいたことを、今度は自分の後輩に教えられるよう努力しなければなりません。そのように、会社の伝統や技術を次の世代に引き継いでいくことで、会社の継続性が維持され、会社がますます発展していくもの思います。

（平成二〇年七月二八日）

㊺ 山高ければ谷深し

●リスクを把握し着実に一歩ずつ山を登っていくような企業は打たれ強い

皆さんもご存知のように、昨日アメリカの証券大手リーマン・ブラザーズが破綻しました。一時は公的資金の投入によって再生させようとする動きもみられましたが、これまで莫大な利益と報酬を得てきた同社やその役員に対しては、モラル・ハザードが生じることから、国民からの厳しい見方があったものと思います。リーマン・ブラザースは長年にわたりアメリカの金融業界・証券業界に君臨してきた老舗の会社だけに、その影響は甚大なものになるでしょう。私は、このリーマン・ブラザーズの破綻の原因には、アメリカの金融業界・証券業界における危機管理の甘さがあったと考えています。つまり、リスクに対する危機管理が徹底されておらず、常に変化の著しい経済状況を見誤り、迫り来る危険に目をつぶってしまっていたのではないか、と思います。

株式相場の格言に「山高ければ、谷深し」という言葉があります。この言葉の意味は、「株価が大きく上昇した局面だけを見てはいけない。株価が高くなればなるほど、下落の幅は大きくなるから、注意せよ」ということです。つまり、仕事も成長と減退の繰り返し、良いことばかりが長く続かないということです。日本のバブルが典型的であったように、右肩上がりの成長に目がくらんでしまいますと、その裏にある危機に対応することができなくなります。私達は、常に生き物である経済の良い面と悪い面の両方を見つめ、社会の濁流に押し流されないよう、しっかりと危険を把握する必要があります。

（平成二〇年九月一六日）

㊺ 水は高きから高きへ

●指導者や先輩の意識・能力が高ければ後に続く者も高くなれる

私は日頃から、会社として長年にわたり発展していくためには何が求められるか、について考えています。現在、世界の経済情勢は急激に変化し、特にアメリカ発の金融危機が世界的な規模において大きな影響を与えています。金融機関の危機は、同時に市場全体の信用収縮を意味するものであり、それによって企業活動の低迷、消費行動の抑制等の影響が生じてくるものと思われます。このような経済情勢、社会情勢の中で、私達の会社が今後とも発展を続けていくためには、個々の社員の能力を高め、一人ひとりが完成度と利益率の高い仕事を果たすことが必要であると思います。これからの大競争時代においては、この個々の社員の力、つまり社員力の優劣が会社を維持・発展させ、競争に勝ち抜いていく礎になることは間違いありません。

したがって、社員一人ひとりが仕事に対する高い意識をもち、常に向上心をもって仕事に臨むことが必要です。「水は高きから低きへ流れる」という言葉がありますが、上司や先輩の仕事に対する意識や資質が低いままであると、自然と部下や後輩もその色に染まり、そのレベルに合わせることとなって、資質の低いままで仕事に臨むことになり、会社力も次第に低下していくことになるでしょう。会社が持続的に発展していくためには、そのような流れに抗して、常に高い意識と資質を高めて、仕事に臨むことが大切です。「水は高きから低き」ではなく、「水は高きから高き」へと向かうような会社づくりを行っていきたいものです。

（平成二〇年一〇月一日）

㊼ 仕事を楽しむ

●「楽しくなければ仕事ではない」と皆が思えるような会社にしたい

一〇月になりますと、新卒予定者の就職活動が本格化してきますが、最近の経済情勢の悪化、株価の低迷等の影響により、就職活動を取り巻く環境はこれから悪化していくのではないかと考えています。今から四〇年前、私達が就職活動をしていた頃は、ちょうど日本が高度経済成長を歩もうとしている時代であり、一生涯安定した生活が営める一流企業や大企業への就職が最も尊ばれていました。しかし、こうした夢が無惨に打ち砕かれたのがバブル崩壊による長期不況の突入でした。倒産するはずがないと思われていた大企業、一流企業が倒産し、そればかりかほとんどの大企業では経営再建のために人員整理の大リストラを断行したのです。いよいよ、これから長期不況が避けられない経済情勢の中では、大企業、一流企業に就職したとしても、安定した生活を続けることは保証されませんし、能力のない者は今後リストラの対象となりやすいことも確かです。

私は、これからは、どのような会社・企業に就職するかというよりも、どのような職に就き、どのような仕事をするか、という点がますます求められてくるのではないか、と考えております。仕事が楽しく、そして仕事を通じて喜びや希望を見出し、かつ上達するためにさらなる努力を続ける人こそが、今日の困難な時代状況の中でも勝ち残っていけるものと思います。「楽しくなければ仕事ではない」という気持で与えられた仕事に取り組んでほしいと思います。新人諸君も、常に仕事を通して自分の人格・識見を高め、仕事を通して社会に貢献するという姿勢を忘れずに、日々努めていただきたいと思います。

（平成二〇年一〇月七日）

㊳ 価値力を高める

●商品力が企業の価値を決定する

昨今のアメリカ発の金融危機を経済学の観点からみてみますと、金融工学を駆使してつくり出されたといわれる様々な金融商品の価値が実体経済から離れて形成されていたことに気づかされます。商品の価値は、商品を購入する者がその商品に価値を見出すことによって形成されます。言い換えれば、一つの商品に交換価値が生ずることによって、その商品に価値が生まれ、価格が決まってくるといえます。当該商品に対して、多くの人々がより多くの価値を見出すことで、その商品の価値や価格が上がり、経済的に多くの利益を生むことになるのです。この原理は、今回のアメリカにおける証券化商品の膨大な氾濫にも、同じく当てはまります。すなわち、人々が当該証券化商品に価値を見出すことで、信用創造が繰り返し行われ、次々と同じような商品がつくり出されるという仕組みです。しかし、このようなシステムは、証券化商品自体が実体経済の中でつくり出されたというよりは、住宅価格が永遠に上がり続けるという前提のもとに、人為的につくられた架空の信用創造によってものであっただけに、リスクの高い脆弱な基盤の中で成り立っていたものといえます。

さて、私達編集者も出版物という価値を絶えず生み出していく職業です。出版物という商品の価値は、読者がその書籍にどれだけ価値を見出してくれるかによって決まります。その意味で、私達は、読者にとって価値ある書籍を常に創造していかなければなりません。商品力のある書籍を絶えず世に送り出すことができるかによって、出版社の優劣を決することになることも、編集者として肝に銘じていただきたいものです。そのために、社員一人ひとりが努力を続け、価値のある書籍の発刊に邁進していただきたいと思います。

（平成二〇年一一月五日）

㊾

「Yes, We Can!」の精神で

●「会社のために何ができるか」、そんな高い意識の人材に育ってほしい

皆さんもご存知のとおり、アメリカの大統領選挙で民主党のバラク・オバマ上院議員が黒人初の大統領に当選しました。オバマ氏は、選挙戦の当初から国民に向かって「Yes, We Can!」というスローガンを掲げ、疲弊しきったアメリカ国民に対して、新しい困難に挑戦する自信と希望をもつよう訴えていました。オバマ氏がよく使用していた「change」という言葉は、まさにそのような決意を国民に促すものでした。私は、今回のオバマ大統領をみておりますと、ちょうど米ソ冷戦の真っ最中に大統領に就任したジョン・F・ケネディを思い出します。彼もまた自信をなくした国民に向かって困難を乗り越えるように訴えかけていました。「わが同胞のアメリカ人よ、あなたの国家があなたのために何をしてくれるかではなく、あなた

があなたの国家のために何ができるかを問おうではないか」という彼の有名な就任演説の言葉は、今でも私の脳裏に焼き付いています。

さて、このような「Yes, We Can!」の精神は、企業にとっても重要です。今日のような金融危機をはじめとした様々な困難に直面している私達にとって大切なことは、それに尻込みしたり、受身に構えるのではなく、絶えずその困難に挑戦していく姿勢であると思います。そして、社員一人ひとりがそのような意識をもつことで、会社自体もこの困難を乗り越えることにつながります。ケネディ氏の言葉を借りれば、「会社があなたのために何をしてくれるかではなく、あなたが会社のために何ができるかを問おうではないか」といえます。皆さんにも、このような高い意識をもって日々の仕事に臨んでいただきたいと思います。

（平成二〇年一一月一一日）

⑥⓪ チャレンジ精神が個人も会社も強くする

●積極的に苦労を買って出られるような人間に育ってほしい

私は、四一年余にわたって編集者としての仕事を続けてきた中で、様々な出版社の栄枯盛衰を目にしてきました。そのような長年の経験を通して私が感じることは、実績もあり、長年の歴史のある老舗企業であっても、チャレンジ精神を失った会社は、衰退が始まり、いつしか消え去ってしまうということです。企業が長年の実績や成功の上にあぐらをかき、従来の伝統ややり方に固執し続けようとすると、現状維持に安住してしまい、新しいことに挑戦しようとする気風が失われてしまいます。企業は常に時代の動向を注視し、リスクをとって新しいことにチャレンジしていかなければ、会社の繁栄・発展はありません。

このことは、個々人にも当てはまります。チャレンジ精神のない人は、仕事の能力も伸びないままですが、常に新しいことにチャレンジしようとする人は、ますます自らの能力を伸ばすことができます。大切なことは、物事に対する取組みの姿勢です。苦労の多い難しい仕事に直面すると、すぐに消極的な意見を言ったり、できない理由を考える人がいますが、「どうしたらできるか」と考えることがチャレンジ精神であり、「できない」ことをいかに「できる」ようにするか、ということです。確かに新しいことに挑戦することは、リスクとそれを実現するための負担・苦労を伴うものですが、それを乗り越えることで社員一人ひとりも会社も活性化し、成長することができるのです。もうすぐ新社屋に移りますが、いつまでも躍動感のある会社にしていけるよう、皆さんにも励んでいただきたいと思います。

（平成二〇年一一月二一日）

61 組織力が試される時代

●一人ひとりの能力を結集できれば組織力は高まっていく

先日、私は原口泉著『龍馬を超えた男　小松帯刀』（グラフ社）を読んでおりました。これは、ＮＨＫ大河ドラマ『篤姫』でも有名な小松帯刀について書かれた書籍です。私はこれを読んで維新の三傑とよばれている人物以外にも、明治維新という歴史的偉業を陰で支えた人物の存在を知り、そのような陰ながら社会を動かす存在の重要性を痛感しました。特に、幕末に主導権を握った薩摩藩は、西郷隆盛、大久保利通などの指導者の存在と同時に、彼らを陰で支えた強力な組織力をもっていたものと思います。つまり、歴史や社会の変革は、少数のリーダシップのみによって成し遂げられるのではなく、それを下から支える組織力、財力、情報力などによって達成しうるものと思います。

これは、私達の会社にも当てはまります。これまでは創業者である私の強いリーダシップによって会社を先導してきましたが、今後は、会社全体の組織力を高めることが重要になってくるものと思います。個々の社員が自らの能力を高めるとともに、自分が会社という組織の中で何ができるか、自らの組織で果たす役割とは何か、を考えていただきたいと思います。今後入ってくる新しい社員も含めて、組織力をどう高めていくかがこれからの会社の成長・発展の鍵となってくるでしょう。皆様一人ひとりの力を結集させてより働きやすい会社を構築していくためにも、互いに協力しながら毎日の仕事に努めていただきたいと思います。

（平成二一年一月二〇日）

62

信用第一の姿勢

●信用は何事にも代え難い大切な財産である

私は最近、中谷巌著『資本主義はなぜ自壊したのか』（集英社）という本を読みました。中谷氏といえば、かつては日本における構造改革の推進論者として有名でした。学生時代には、ハーバード大学大学院で経済学を学び、アメリカにおける中産階級の裕福な生活スタイルを肌で感じることを通して、アメリカの新自由主義的な考え方に強く共感を覚えたそうです。しかし、この本の中で、彼は自らが主張してきた新自由主義的な政策が弱肉強食の社会を拡大させたと批判しています。新自由主義のもと、規制緩和と小さい政府にあまりにも傾斜しすぎたことが、世界中に貧富の格差を拡大させ、地球環境を破壊し、人々の心まで荒廃させた元凶であると喝破しています。

今日、アメリカやヨーロッパにおいては利益最優先の経済活動が蔓延し、結果として一〇〇年に一度といわれる金融経済危機を発生させましたが、彼によれば、そのような危機の世界から脱出するためには、日本における伝統的な商人倫理を復活させることが必要であるといいます。彼の言葉を借りれば、「『安かろう、悪かろう』で短期的な利益を目指すのではなく、多少、損は承知でも『信用第一、品質第一』で行く」という日本の伝統的な倫理を戦略として掲げる必要を説いています。

これは、私達の会社にも当てはまります。目先の自分達の利益だけに目を奪われるのではなく、常に顧客志向に立った編集作業・営業活動が求められているのです。そして、そのように顧客の立場を最優先させる姿勢が、顧客からの信用を得て、さらなる会社の発展につながるのです。会社にとっても、個人にとっても、目先の利益だけを追い求めるのではなく、地道に相手の信用を獲得し、それを維持していくことが重要です。そして、地道に汗水を流して仕事を行い、「信用第一」の姿勢で日々臨んでいければ、着実に会社は発展していくと確信しています。

（平成二一年三月三日）

63 連帯感をもった会社づくり

●他者への思いやり、やさしさのある日本的経営がこれから求められる

アメリカ発の金融危機が世界経済を悪化させている中、その本国アメリカでは、政府の公的資金による経営再建中の大手保険会社ＡＩＧの経営陣が二〇〇億円以上にのぼる巨額のボーナスを受け取っていったことが発覚しました。国民の税金を投入して、経営再建中の会社であるにもかかわらず、その経営陣が巨額のボーナスを受け取っていた今回の事件は、アメリカの政府や消費者の監視の目が届かないところで、経営者達がお手盛りで自分達だけでルールを決め、倫理に反した行動をとっていたことを露呈させました。アメリカのように一部のエリート層が全体の富の三〜四割を独占している現状の中では、私有財産の不可侵や契約自由の原則という資本主義の理念も、彼らの高額な収入を正当化させる口実になりかねません。

私は、このような米国的な強欲資本主義に対して、日本的な経営の素晴らしさをもう一度再評価すべきだと考えております。従来の日本の会社では、一部のエリート社員が突出した力を発揮するというよりも、むしろ社員一人ひとりがそれぞれの仕事を果たしながら、互いに連帯感をもって仕事を行ってきたと思います。仕事を通じて、他者への思いやりや気遣いを身に付け、社会人として成長していったのです。

私は、今日のような厳しい経済情勢の中だからこそ、他者のために力を貸すことのできる日本的な会社の経営・運営がますます重要であると思います。私達は、このような日本的経営の長所を忘れず、今後の仕事に臨んでいく必要があります。

(平成二一年三月二四日)

64

職場内ワークシェアリングのすすめ

仲間へ目配り・気配りできる会社は働きやすい

世界的な不況の影響で、現在、雇用をめぐる環境が急激に悪化しています。日本でも失業率が五％近くなり、正規社員・非正規社員を問わず、リストラの対象となりえる状況となっています。ヨーロッパでは、このような雇用の悪化に対処するために、一九七〇年代の石油危機の頃から、ワークシェアリングという考え方が急速に発展しています。ワークシェアリングとは、不況により企業の受注が減少し、生産性を落としていく際に、雇用を削減するのではなく、一人当たりの労働時間を短縮し、賃金は減額になるが皆で苦境を分かち合い、より多くの雇用を確保しようとするものです。この考え方は、日本においても、特に昨年の金融危機以降、導入しようとする動きがありましたが、労働者派遣法の改正などにより不況時のクッションとして大量に採用された非正規雇用者を解雇することで対応したため、今日のような社会問題になってしまいました。どちらかといえば、米国型の雇用政策を志向してきたわが国ですが、長い歴史に支えられたヨーロッパ型の雇用政策は、極めて人間的であり、ワークシェアリングの考え方ひとつとっても、これからの時代には大いに見習うべき点があるものと思います。

しかし、私は、このワークシェアリングの発想を経済の不況時に活用するのではなく、日常的な社内の仕事のやり方の中にも導入すべきであると考えています。つまり、個々人の仕事の繁閑期に考慮して、仕事を互いに分かち合い、共有することによって、一人ひとりの仕事の量をできるだけ平準化していこうとするものです。ワークシェアリングという考え方を取り入れることにより、仲間に対する目配り・気配りをするというプラスの側面が強くあるものと思います。積極的な意味でのワークシェアリングの考え方を職場に導入することにより、互いに相手を思いやる心が身に付く点に大いに意味があるものと思います。皆さんにも、この考え方をぜひ実践していただきたいと思います。

（平成二一年六月一日）

第四章

企画力を高める！

㊺ 企画立案には社会・経済情勢の理解が不可欠

●編集者には常に時代の先を読む能力が必要だ

今、サブプライムローン問題が世間では話題になっています。
考えてみれば、サブプライムローンを証券化して売却するということは、危険のあることがわかっていて、証券にして売ることですから、詐欺的商法をしているといっても過言ではありません。裏を返せば、米国の金融・証券会社が膨大な利益を出している金融工学を駆使した証券化の実体とは、世界中にリスクを分散させる米国流資本主義の素顔ではないでしょうか。

サブプライムローン問題は、世界の金融をタイトにし、景気後退につながるでしょう。日本も春頃から景気は後退していくでしょう。盛んだったＲＥＩＴ（不動産投資信託）も、金融環境が厳しくなれば当然に減少し、不動産価格にも影響が出てくるでしょう。

私達の出版企画も、このような世界的な経済の動向にも気を配って立案していく必要があります。編集者は幅広い視野と知識が求められます。

たとえば、今後、消費者の購買意欲はますます低下していきます。それは、企業経営にも影響を与え、倒産する企業が多くなることは確実です。そのような中でどんな本を企画し出版していくのかが課題です。このように、経済面からヒントを得た企画というものもあります。

また、サブプライムローン問題によって、経営的に影響を受けている企業も多くあります。経営環境が悪化する企業が増えていくことは確実でしょう。この問題のことも考えて今後の企画を提案していく必要があるといえます。

編集者をはじめ出版人にとっては、常に社会・経済の動向に目を配り、分析・予測できる高い知識が求められています。

(平成二〇年二月四日)

㊱ 歴史から学ぶ

●歴史的な視点をもって考えれば、ものごとを見る目も広くなる

私は歴史ある仏閣や神社などを巡ることが大好きです。また、展覧会や展示会などにもよく行き、様々な展示物を通して日本や世界の成立の過程・歴史を学び、そこに生きてきた人々に思いを馳せています。歴史には積み重ねてきたものがあります。そしてそれを検証していくことで現在が見えてきます。

よく、歴史は繰り返すといいます。それほど人間は利口ではないということです。歴史上の一コマ一コマは偶然ではなく必然であり、それが歴史となります。つまり、歴史を学ぶこと、過去を学ぶことでこれからの時代もある程度予測ができるようになるのです。ローマ文明も、大英帝国も日本では平家もすべて滅んできました。日本を見ても、近くではバブル経済もはじけ、日本の時代も終わりました。バブル景気に踊った人々には、永久に日本経済は発展するという思い込みがあり、楽観視していました。バブルに踊ってしまった人々は皆いなくなってしまいました。

いま、サブプライムローン問題など、アメリカで起きている金融の混乱によって、世界は変わろうとしています。これから世界の政治経済は混迷してくる可能性があります。私達編集者は、経済へも目を向ける必要があります。そして時代背景の中で、私達はどのようにしてこれらを企画として生かしていくべきなのかを考えるようにしなくてはなりません。

当社の二階エレベーターホールに、「愚者は経験に学び、賢者は歴史に学ぶ」と墨書を大きく掲げていますが、常に歴史的視点を忘れずに日々の仕事を進めていただきたいと思います。歴史の中に多くのヒントや教訓があることを忘れてはなりません。

（平成二〇年四月七日）

㊼ 知識・情報・技術・人脈の共有化

●一人ひとりの力は小さい、だけど共有化すれば強く大きくなれる

私は最近、今日の時代状況に即した新しい会社の体制が必要ではないか、と考えております。それは、端的に申しますと、社内における知識・情報・技術・人脈の共有化です。

私が四一年前、大学を出て編集者になった頃は、編集者になるための基礎知識・技術を教える研修や指導などはなく、まずは先輩の技術を盗むことによって仕事を覚えていました。人脈も先輩から紹介されることはなく、自ら新しい人脈を開拓しなければなりませんし、編集者として必須な知識・教養なども自分で勉強して身に付ける必要がありました。編集者は、まさに職人の世界でありました。私は、土・日曜日を利用して図書館に通い、様々な本を読むことを通して、自分に足りない知

識を獲得していきました。

しかし、このように一人で努力して、すべての知識・情報・技術・人脈を獲得していくのは、今日の社会では困難であるといえます。昔と比べると、社会全体の変化のスピードが速く、読者のニーズも多様化しています。こうした状況において、会社の発展を維持していくためには、一人ひとりがもっている知識・情報・技術・人脈を社内全体で共有化し、それによって会社全体の底力を向上させる必要があります。また、このような共有化の作業を通じて、社員が互いの仕事を補い合うことができ、危機管理の徹底にとっても効果があります。今後、社員が互いに自分がもっている知識・情報・技術・人脈を共有し合えるような社内体制を構築していけば、適時・的確・迅速な出版活動を行うことができると思います。

（平成二一年四月七日）

㊳ 企画力が企業の命運を分ける

●企画力が衰退すれば会社も衰退する

私は、常日頃から、商品の企画力が企業の運命を決するものと考えています。逆にいえば、商品企画力の落ちた企業は、衰退していかざるをえないといえます。その時々において、消費者に受け入れられる商品を生産していくことが、企業が発展していくための必要条件です。

一例を挙げれば、アメリカの三大自動車メーカー（ビッグスリー）の一角を担っているＧＭ（ゼネラルモーターズ）は、まさにこの商品企画力の低下のために、現在の危機を招いているといえます。すなわち、一九七〇年代からの石油危機によるガソリン代の高騰を背景として、消費者の嗜好が低燃費・低価格の小型車へ流れていったにもかかわらず、ＧＭはそれまでの大型車の生産に固執し、時代の流れに沿った商品を提供することができませんでした。それとともに、GMを支える経営陣の多数がハーバード・ビジネススクール出身者によって占められ、彼らの財務戦略重視の経営方針が、企業の原点である「ものづくり」を軽視してしまい、結果的に、消費者の嗜好を満足させる商品を製造できなくなっていったといえます。

翻って、私達にとっても、この企画力が会社の運命を決するうえで、とても重要な基礎となっています。出版の世界でも、一粒社をはじめ著名な老舗企業が、企画力の衰退によって退場を余儀なくされています。企画力を高めることが、その企業の命運を分けるといっても過言ではありません。そして、この企画力は、多くの読書、多くの経験を通して高めていく必要があります。多くの本を読むことで、自分の引き出しを多くもつことができ、そのことによって小さな事象をヒントにして企画を立ち上げることができます。皆さんにも、この企画力を高める努力を、怠らず実践していただきたいと思います。

（平成二一年四月一七日）

⑥⑨「智力」を磨くことが企画力に通ず

●企業が最も求めたいものは企画力に富む人材である

先週、私は将来の企業の命運を分けるのは、「企画力」であることについてお話ししました。その「企画力」とは何かと問われれば、それは「智力」であるといえます。

今日、若者の考える力・想像する力が昔と比べて衰退しているといわれています。特に、インターネットの普及により、迅速かつ簡単に情報や知識を取得できるようになったため、一つの物事を深く考察することができない若者が増えているのではないかと思います。これは、若者の活字離れとも関係があります。つまり、彼らは、活字に触れないことで、本や新聞を読むことによって得られる物事への洞察力、他者への想像力などが不足しているのではないかと思います。たとえば、「ただ一人静寂に包まれた湖畔にたたずみ……」という文章から、様々な自然の景観や人物に対して想像を膨らませることができます。このように一つの文章の行間に潜んでいる意味や背景を読み取る能力は、ただインターネットで検索するだけでは身に付きません。企画も同様に、ただ情報を収集するだけでは企画にならず、それを具体化させるための発想や思考が大切になってきます。

現在、企業が人材を募集するにあたって最も求める能力は「企画力」であるといわれています。それは、「企画力こそが会社にとっても個人にとっても夢をかなえる最も重要な要素」だからです。そして、その力を身に付けるためにも、日頃から地道に本や新聞を読むことを通して、「智力」を磨く努力を継続する必要があります。皆さんにも、このことを念頭において、毎日の仕事に臨んでいただきたいと思います。

（平成二一年四月二二日）

⑦⓪ メモ力は企画力に通ず

●常にメモを取ることを癖付けしていけば企画力が向上する

本日は、メモを取るということは、物事をまとめることの基本となり、感性を豊かにし、企画の源泉となるということをお話ししようかと思います。

専門の人事労務関係の書籍だけでなく、最近ではビジネス書の分野の著作でも有名な弁護士の髙井伸夫先生とは、三〇年来の付き合いになります。髙井先生を見ていて常々感心することは、食事中でもナプキンや箸袋、コースターの裏にでも、とにかく片っ端からメモを取ることです。会話をしている内容の中から、自分が知らなかったこと、ちょっと気付いたこと、心に響いたことなどを知的好奇心旺盛に書き留めていきます。今から三〇年前に初めてお会いしたときの先生の所作を見て、大変に感心をしましたが、たぶん自分の考えを忘れないようにし、このメモがいろいろな執筆や講演のヒントになっているのではないかと想像しました。
われわれ人間はよく忘れます。その場で感服し、感動したことをきちんと反復できるようにメモを取ることは、後になっても思い出すことができ大きな効用を発揮します。本を読んでいて赤線を引いたりすることはあるでしょうが、メモを残すということの重要性をしっかりと認識することが大切です。メモは、すぐに活用できるものもあるでしょうが、自分ではその時たいしたことではないと考えたことが、数カ月、一、二年たって重要なテーマとして具体的な姿を現すということもあります。時折、時間があるときにメモを読み直してみると、メモを取った時は企画のイメージとして具体化できなかったものが、その後の知識・情報の集積によって見る眼、考える眼が変化し突然霧が晴れて回りが見えてくるように企画として現れてくることが、私の経験としてしばしばありました。企画力を高めるためにも、メモを取ることを癖付けすることが必要です。そこには、考えるヒントがあります。編集者としても、ビジネスマンとしても、記憶には残らないがメモには残していくことが一人前になるうえで大切な要素であると考えます。

（平成二一年七月二一日）

あとがき

バブル経済が頂点に達した平成元年一〇月一日に小社は産声を上げました。ビルの小さな一室を借りての船出でしたが、期待と不安が交錯する中で、志だけは高く掲げていきたいとの強い思いを胸に秘めていたあの時から、早二〇年という歳月が流れようとしています。

事業を立ち上げるにあたっては、個人的な能力・努力だけでは足りず、「天の利、地の利、人の利」とともに運も味方につけなければ成功に導くことは難しいといわれています。お陰様で創業から今日まで、小社が大過なく事業を進めてこられましたのは、多くの方々から温かいご支援を頂戴できたという「利と運」に恵まれたからにほかなりません。人と人との出会いを大切にして、末永くお付き合いをいただける「人縁」こそ、会社経営にとって最も大切な財産・資源であることを、この二〇年の間で学ばせていただきました。「一期一会」の精神をこれからも経営の基本に据えて、人々から愛され信頼される会社づくりに努力を重ねていきたいと考えています。

今日の社会経済状況は、小社を創業して間もなく訪れたバブル経済の崩壊とその後の長期にわたる不況と同様の事態が世界的規模で起きています。この原因は、新自由主義の名のもとに世界中を荒らしまくった米国の市場原理主義者と強欲な金融（マネー）資本主義にあります。レバレッジを最大限活用し、自己増殖を極限化した金融資本をバックにして、「お金がすべて」、「儲けることがすべて」と本来資本主義が有すべき規律、節度、倫理感を失った強欲資本主義によって、世界中に貧困と格差が拡大し、人心を荒廃させるとともに世界的規模の環境破壊が引き起こされました。サブプライムローン問題が引き金となって、米国の強欲資本主義は破綻しましたが、これから世界がどこへ向かっていくべきなのでしょうか。

私には、人にやさしく、環境にやさしく、厳しい倫理感に支えられた新しい資本主義の構築が求められているように思えます。そうならなければ、未来を託す子ども達が安心して生活できる大切な地球を守ることができないからです。

いみじくも、内外の歴史の大きな転換期に小社が創立二〇周年を迎えられたことに、何か因縁めいたものを感じます。私達はこの度の経済危機を他山の石として、常に愚直に、真面目に、謙虚な気持で人のため、社会のためにお役に立てる出版活動により一層努力を重ねることの大切さを痛感しております。

最後になりましたが、創業以来長きにわたって小社を温かく見守りご支援をしていただきました多くの方々、至らない私を支えていただいた社員の皆様および人生の伴侶に対し、この場をお借りして心より感謝と御礼を申し上げる次第です。

なお、創業時の夢であり目標の一つでありました「創立二〇周年までに自社ビルをもつ」ことを、昨年一〇月、渋谷区恵比寿の地で実現をさせていただきました。このビルを牙城にして、社員一人ひとりが「一騎当千の兵《つわもの》」といわれるような力量を備えたエクセレントな会社づくりに邁進していくことが、私の当面の目標となっております。

平成二一年八月吉日

田口信義

田口信義（たぐち　のぶよし）

埼玉県生まれ。1968年、社団法人金融財政事情研究会（大蔵省（現財務省）所管）に入社。「月刊登記先例解説集（現「登記情報」）編集長、「旬刊金融法務事情」編集長、出版事業部次長、金融法務編集部部長を歴任。1986年、社団法人民事法情報センター（法務省所管）の設立に参画し事務局長兼編集局長に就任。1989年10月、株式会社民事法研究会を創業し代表取締役に就任、現在に至る。「生涯現役」「生涯一編集者」をモットーとする。

出版人の生き方 70講

平成21年9月2日　第1刷発行

定価　本体700円（税別）

著　者　　田　口　信　義
発　行　　株式会社　民事法研究会
印　刷　　株式会社　太平印刷社

発行所　株式会社　民事法研究会
〒150-0013 東京都渋谷区恵比寿3-7-16
〔営業〕TEL03(5798)7257　FAX03(5798)7258
〔編集〕TEL03(5798)7277　FAX03(5798)7278
http://www.minjiho.com/　info@minjiho.com

落丁・乱丁はおとりかえします。 ISBN978-4-89628-557-4　C0230　¥700E
カバーデザイン：袴田峯男

民事法研究会

消費者六法〔2009年版〕
―判例・約款付―

編集代表　甲斐道太郎／清水　誠

消費者問題を扱う際に必要な法令等を網羅した六法！　平成20年改正までを織り込み、重要法律については政省令・通達・告示等を収録！　消費者庁関連法案も収録！

民法改正を知っていますか？
～全容・諸論点早わかりQ&A～

東京弁護士会法友全期会
債権法改正プロジェクトチーム　編

在野法曹抜きで進められる改正議論の内容と問題点を市民生活や経済活動、慣行など法律実務家の視点に立って鋭く論及！　民法改正の主要内容を理解するうえでの必読書！

職場のいじめ・パワハラと法対策〔第2版〕

水谷　英夫　著

被害者からの相談対応、加害者・使用者との交渉ノウハウ、最も効果的な法的措置の選択や手続の留意点等を具体的に解説し、いじめ・パワハラを許さない職場のつくり方がわかる関係者必読の書！

インターネット消費者相談Q&A〔第2版〕

第二東京弁護士会
消費者問題対策委員会　編

ネット上で生じている消費者トラブルを具体的な事例で取り上げ、それに対する解決策・予防策を、被害の実態を熟知した弁護士が消費者被害救済の立場から解説！

民事法研究会

法の風景　列島の光と影

斎藤　幸光　著

原野商法の二次被害に遭う人たち、自ら命を絶つ人々と遺された人たちの苦悩と悲哀など人々の営みと法が織りなすこの国の現場から、渾身のルポタージュ！

弁護士を生きる　PART 1

―新人弁護士へのメッセージ―

福岡県弁護士会　編

市民、地域、社会のために奮闘する多様な生き様や、紛争・事件の現場で苦悩する真実の姿を通して、あるべき弁護士像と制度の未来、そして弁護士とは何かを考える！

自殺予防・自死遺族支援の現場から

多重債務による自死をなくす会　編

毎年3万人以上の方が自ら命を絶つ現代社会において、支援者をはじめ医療・法律の専門家、行政は何ができるか。それぞれの立場からできること、やるべきことを提言！

実践的　消費者読本〔第4版〕

林　郁・圓山　茂夫　編著

松本　恒雄・木村　達也　監修

消費者問題の第一人者が、契約、お金、生活、経済、環境、衣食住等、消費者として必須の知識をわかりやすく解説。消費者契約法に関する問題も充実した基本テキスト！